「なりたい私」で100%生きるセルフプロデュース術

夢を叶える39の書き込みメソッド

長谷川エレナ朋美

廣済堂出版

はじめに

「人生」という名の1本のライブ映画を生きている

はじめまして、長谷川エレナ朋美です。

この本を手に取ってくださり、ありがとうございます。

私は22歳で起業し、個人事業主だった期間も含めると、経営者歴は約16年になります。そう聞くと、バリバリの女性経営者なのだと思う方も多いかもしれませんね。けれど私は、どちらかというと、経営者でありながらフリーランスのような働き方と生き方をしています。

起業当初は、マンションの一室で、一人きりでビューティーサロンを開業しました。それから8年間で6店舗のサロンを経営するに至りましたが、30歳の時、10年連れ添ったパートナーを亡くしたことをきっかけに、働き方と生き方を一新しました。

この時、私は経営していた6店舗のサロンをすべて手放し、身一つで世界を旅しながら仕事をすると決めたのです。それまで培ってきた知識や経験、人脈を駆使し、「美容家」として講演をしたり、商品やイベントのプロデュース、企業や個人のコンサルティング、PR、コラム執筆などを行ってきました。

そんな中、約5年前に出版のチャンスをいただき、昔からの夢だった「本を書くこと」が私の仕事の主軸となったのです。

現在は、執筆と講演をメインに、女性向けのアカデミー（自分と向き合う学校「ビューティーライフアカデミー」）や、自分と丁寧に向き合うセルフケアグッズをセレクトしたオンラインショップ（LUMIERE SELECTION）の運営を行っています。

長く住んでいた東京を離れ、葉山という海辺の街で暮らし、国内はもとより、世界中を好きな時に好きなだけ旅しながら、少人数のスタッフと共に、場所と時間に捉われないスタイルの働き方をしています。

これは私の人生のストーリーの一部ですが、このような人生となるまでに、私が常にしてきたことがあります。それは「セルフプロデュース」です。

セルフプロデュースとは文字のごとく、「自分で自分をプロデュースする」こと。そう聞くと、自営業や自由業でない人には関係ないことのように思われるかもしれませんが、そんなことはありません。

セルフプロデュースとは、自分の人生を自分で決めて、それを成し遂げることだからです。

言い換えると、私は常に自分の理想とする人生を思い描き、それを実現させるために、選択と決断を繰り返してきました。

その選択とは時に、何かを手に入れる選択ではなく、何かを手放す選択だったり、大きな決断だったりもしました。

当たり前ですが、人生の時間は有限です。
そして人生は一度きり。

せっかくなら思い切りやりたいことをやって、楽しんだほうが得だと思いませんか？
一度きりの人生、悩んだり言いわけしたりして時間を費やし、「気づいたらもうこんな歳になってた……」なんて悲しすぎます。

人生にはチャンスも試練もたくさんありますが、とにかく後悔だけはしたくない。そしてもしも後悔するならば、やらずに後悔するよりも、やって後悔したほうが前進している気がする――と思うのは私だけでしょうか？

本書には、表面の見せ方的なセルフプロデュース術ではなく、自分の人生を思い通りに生きるためのＨｏｗ ｔｏが詰まっています。

人生は一本のライブ映画であり、監督はあなた。主演女優もあなた。

そして、脚本家も、演出家も、社長も広告も営業も担当するのはあなた。
あなたの人生はあなたにしか創ることができないし、変えることもできません。
自由に生きたいと思うのなら、あなたが決めてそうすればいいのです。
願うだけじゃダメ、行動しないと。
そのことを自覚したなら、本編に進んでいきましょう！

Contents

第2章　環境を変えれば、確実にあなた自身が変わる

第3章 「美人」をセルフプロデュースする

第4章　セルフプロデュース術を使えば仕事は最強

第5章 見せ方の上級者になる ～How to セルフプロデュース～

第6章 「人間関係」は、セルフプロデュース力を高める鍵

第1章

輝いて生きるのに必要なのは、セルフプロデュース力

Self produced 1

「セルフプロデュース」とは、夢を実現させる方法

あなたは「セルフプロデュース」と聞いて、何を思い浮かべるでしょうか？

今の時代、SNSなどを活用し、自分をブランディングして〝自分自身を商品にする〟という仕事の仕方や楽しみ方が溢《あふ》れているので、そういったことを想像される方が多いかと思います。

「はじめに」でも定義しましたが、ここでいうセルフプロデュースとは、**自分の人生を自分で決めて、それを成し遂げる**こと。

要は、**なりたい自分になって、夢を実現する方法**、それがセルフプロデュースです。

その中にはもちろん、自分の見せ方など表面的な方法も含まれますが、大切なのは、

- 自分がどう在りたいか、どんな人生にしたいかを決める
- 自分の価値観や情熱の元に行動し、モチベーションを維持する
- 決めたことをやり通すために自分で自分を律する
- お手本を見つけ、そこに近づけるように楽しみながら努力する
- 常に自分とミーティングをし、褒めたり励ましたり改善したりする
- これらをし続ける

の6つです。

まずはこの本を読んで、自分は何を手に入れたいのか、どう変わりたいのかを決めてください。できたらそれを書き出してみましょう。

人生においても、仕事においても、人間関係においても、**「決める」ことからすべては始まります**。決めることにより、必要なこと、不必要なことが見え、やるべきことがわかるのです。

そして、**決めることは同時に捨てることも**意味します。

私たちは何かを決めて実行する時、常に何かを手放しています。例えば「自分らしくある」ということを決めた時、会わなくなる人たちも出てくるかもしれませんし、今までの仕事を辞めることにしたり、家を変えたりするかもしれません。それまで慣れ親しんだ環境を打破しなくてはならない場面も出てくるでしょう。

そんな時、変わることを恐れてチャレンジを先送りにしていたら、ずっと今のままです。そのままで満たされているのならいいのですが、「変えたい」「変わりたい」と思っているのに、現状に妥協して言いわけしたり、不満を言ったり。そんな人生で本当にいいですか？

何かを手に入れる代わりに、何かを手放すということを受け入れましょう。自分の心に正直な選択をしていくことは、セルフプロデュースの第一歩です。

では具体的に、自分の人生をどうやってプロデュースしていくのか？

ここでポイントなのは、「これまで自分がどうだったか？」という**過去をいったん切り離して考える**こと。

なぜかというと、過去を持ち出すと言いわけが出てくることがあるからです。

例えば、「本当はこうなりたいけど、私はそんなことしたことがないし、今までもこうだったし……」といった具合に過去に引っ張られてしまいます。

未来は過去からの延長ではなく、今あなたがどうするかで決まります。

過去がどうであれ、今あなたがどんな未来にしたいのかを決め、それに基づいた選択をするのです。大胆に思い切って、なりたい未来をイメージしてみましょう。

また、「こう在りたい」と決めてそれを貫くことは、大きな自信に繫《つな》がります。誰かに褒められることも一つの自信のつけ方ですが、それよりも強力なのは、自己肯定から得られる自信なのです。

自分の**信念を持ち、その通りに生きられているということは何より自信になります**。

ここでいう信念とは、「私はこう在る」という、いわゆる自分に対する宣言のようなもの。「こう在る」がない人でも、「こう在りたくない」を持って、それをしないようにしていることも、自己肯定の一つです。

例えば、「自分に嘘をつくことはしない」と決めて守り通すことでも、自己肯定感（＝自信）が増します。逆に、心では自分に嘘をつきたくないと思っているのに、周りに合わせて自分の意見を押し殺して生きていると、どんどん自信は失われていきます。

自信を持って生きることができると、**他人と自分を比べて落ち込むことがなくなります**。また、時間やエネルギーを無駄なことに使わなくなり、**自分が望む最高の状態を得るために集中させる**ことができます。さらに、自分が満たされていて余裕があるので、**人にまでいい影響を与えたり、人を助けたり**することもできるようになるのです。

こうしたエネルギーは周りの人にも伝染し、「一緒にいると安心する」「元気になれる」「癒される」といった印象を与え、人がどんどんあなたの周りに吸い寄せられていきます。するとの縁だけでなく、仕事やお金の縁やチャンスも舞い込み、**ポジティブな循環が起こる**ようになります。

素敵な人の周りには素敵な人が集まっていると思いませんか？　セルフプロデュースを続けていくと、その連鎖をあなたから始めることができるようになるのです。

Self produced 2

「セルフイメージ」がすべて

あなたは「セルフイメージ」という言葉を聞いたことがありますか？

セルフイメージとは文字のごとく、自分で自分のことをどう捉えるかという、自分に対するイメージのことですが、この**セルフイメージの高さは自己肯定力と比例**します。

自己肯定、すなわち「自信」がセルフプロデュースにおいて非常に重要だということは、前項でご説明しましたね。

つまり、常日頃から、「私なんて」「私には無理」「私は人と比べて劣っている」などと思っている人は、セルフイメージが低い（＝自己肯定力が低く自信がない）と言えるでしょう。逆に、「私はできる」「私は価値ある人間だ」「私は素晴らしい」と思えている人は、セルフイメージが高い（＝自己肯定力が高く自信がある）と言えます。

自分のことを過大評価するなんて自惚《うぬぼ》れている……と捉える方もいるかもしれませんが、**自分で自分を認めてあげないことには、人にも認めてもらえない**のですよ。

自分の良さをちゃんとわかって、それをきちんと表現していたら、人はあなたのその部分をキャッチして、あなたの良さをわかってくれます。

このことを理解していただくために、私自身のエピソードをご紹介しましょう。

私は昔、人前で話すことが大の苦手でした。でも自分が叶《かな》えたい夢や理想の世界を実現するためには、人前で話すことは必須だったので、何度もトライしては失敗していました。

今となっては数百人の前で話すこともざらにありますが、昔は10人の前で話すことですら緊張して、頭が真っ白になっていたのです。失敗が続いていた時の私は「もうダメだ、人前で話す仕事はもうやめよう、私には無理だったんだ」と常に思っていました。そんな時は、当たり前ですが、思うように人前で話せないことが続きます。

ですがある日、初めていらしたお客様が、「長谷川さんのブログを見て人生が変わった。絶望から救われ感謝している」と涙目で伝えてくださった時、「こんな私でも人の役に立てたんだ、そのために私は発信していたんだ！」と強く思ったのです。

その時、私自身のセルフイメージは書き換えられ、「人前で上手く話せない自分」から「人に影響を与える私」になりました。するとどうでしょう、次の講演では納得のいく話ができたのです。大切なのは上手く話すことではなく、自分の真の思いを伝えることで人を元気にしたいということだったのを思い出し、「人を元気にする自分」を**自己肯定できたから上手くいった**のです。

これはセルフイメージが書き換わったことにより得た結果ですが、こうしたことが日常でたくさん起こっていることにお気づきでしょうか？

自分のことをどう捉えるかで、現実に起こる出来事が変わってきます。

ネガティブな自分にフォーカスすれば、ネガティブな出来事を引き寄せます。

ポジティブな自分にフォーカスすれば、ポジティブな出来事を引き寄せます。

これは絶対的な法則です。

セルフイメージと現実に起こる出来事の仕組みについて、とてもよく表現された『アイ・フィール・プリティ！　人生最高のハプニング』という映画があります。この作品の主人公レネーは太っていて冴《さ》えない自分が嫌いでしたが、あるアクシデントで頭を打ったことをきっかけに、自分のことが美人に見えるようになったのです。ですが周りにはこれまでのレネーと変わらないように見えます。

もう想像できますよね？　そう、レネーのセルフイメージはその日から劇的に変化したのです。自分のことを美人だと思うようになったら、行動や発言、表情やファッションだって変わっていきます。すると、周りの扱いや仕事の環境までが変わっていくという過程が描かれているのですが……あとは実際に映画を見てみてくださいね。

あなたも、調子がいいと思っている時はなぜだかいろいろなことが上手く回っていき、逆に調子が悪いと思っていると嫌な出来事が続いたりしませんか？

このように、セルフイメージを高く持つことによって自信がつき、**さまざまな「良い循環」が生まれ、あなた自身もセルフプロデュースがしやすくなる**のです。

ぜひ、あなたもポジティブな自分にフォーカスして日常を振り返ってみてください。

Self produced 3

自信があなたを輝かせる

では、どうやったら自信を持つことができるのか？　それには**まず、自分を知ることから始まります**。

自分のことをきちんと知らないままでは、どこにどうやって自信を持ったらいいのかわからないのではないでしょうか。

あなたは自分のことをどのくらい知っていますか？

あなたは自分とどのくらい仲良しでしょうか？

まずは自分のことを知って、自分と仲良くならないことには自信を持つことはできません。

自分に自信がある人は、自分のことをよく知っています。そしてさまざまな形で**自分とコミュニケーションを取るのが上手**です。

あなたの周りにいる「自信がある人」を思い浮かべてみましょう。

もしくは、あなたが知っている「自信がありそうな人」をイメージしてみましょう。

その人は自分のことをよく知っていると思いませんか？

皆が共通して知っている人でいえば、元メジャーリーガーのイチロー選手や、フィギュアスケートの羽生結弦選手を思い浮かべてみてください。

彼らは二人とも、自分に自信を持っているように見えますね。そもそも自信がなければあれほどのパフォーマンスは発揮できないでしょう。そして彼らは、**自分の強みも弱みも客観的に熟知している**からこそ、どこをどう磨いたらいいのか、改善したらいいのかを的確に把握でき、それらを日々のトレーニングやメンタルコントロールに活かしているのだと思います。

では、自分のことを知るためにはどうするか？　そのためには、たくさんの質問を自分にしてみましょう。

詳しい方法は次項で説明しますが、あなたが誰かと仲良くなりたいと思った時、相手にいろいろなことを質問しますよね？　それと同じように、自分に問いかけるのです。「どんなことが好きか」「やりたいことは何か」「行きたいところはどこか」「休みの日はどんなふうに過ごしているか」など、インタビュアーになったつもりで自分自身に質問し、答えていきます。

といっても独り言を言ったり、頭の中で考えるのではなく、具体的に**質問事項を書き出して、その答えも書き出していく**のです。そうすることにより、客観的に自分のことがわかってきます。

自分のことがわかってくると、さらに自分自身に興味が湧いてきます。「私ってこうだったんだ」「こんなこと考えてたんだ」「確かにそうだよな」など。

こうして自分と仲良くなってくると、**自分のいいところがどんどん見える**ようになってきて、**自分が頑張っていることを自分で認められる**ようになります。これが自己肯定感の始まりです。

「あ、私はこんなことができるんだ」「ここまでよく頑張ってきたな」「これについてこう思えるのってなかなかいいところあるな」といった具合に。

日々これらを**積み重ねていくことで、自分に自信がつく**のです。

ここでいう自信とは、何かすごい特技や強みを表に出して「私、すごいでしょ」と言う自信ではありません。この種の自信は見せかけの自信であり、何かに紐《ひも》づけて「これができる私はすごい、偉い」と捉えてしまうと、それがなくなった時、たちまちその自信が崩れ去ってしまいます。

例えば、仕事の実績に自信を持つのはいいのですが、「実績＝自分」としてしまうと、その仕事や実績がなくなった時、プライドがズタズタになって自分を見失ってしまうでしょう。

そうではなく、自分と深くコミュニケーションを取った末に得られる**自己肯定感から湧き上がってきた自信は、決して崩れることがありません**。その自信は一生あなたを支えてくれる大切なパートナーであり、あなたを輝かせる内なる光となるでしょう。

Self produced 4

眠っているあなたの魅力を掘り起こそう

これまでは、自己肯定感からくる自信のつけ方について説明してきましたが、同じようにあなたの中にある「埋もれた魅力」についても考えていきましょう。

せっかく**自分の中にある魅力ならば、気づいてあげないと損**。

どんなに素晴らしいものを持っていたって、それに気づいていなかったり、気づいていても**表に出せずにいたら、人には伝わりません**。それでは人から見たら持っていないのと同じこと。そんなのもったいないと思いませんか？

ではどうしたら、自分の魅力に気づくことができるのでしょうか。

私は「自分と向き合う学校」であるビューティーライフアカデミーを約4年半前から主

宰していますが、このアカデミーのキャッチフレーズは「自分を知って、自分を活かし、自分を表現できると、人生はより加速する」です。

ここには、自分の魅力を活かして人生をより豊かに過ごしたいという女性がたくさんいらっしゃるのですが、そこで**最初に行うことは「自分の棚卸し」**です。

「自分の棚卸し」とは、自分の中にあるものを一度すべて表に出して、目に見える形にしてみることです。具体的には膨大な書き出しのワークをしていきます。

書き出すだけでなく、自分の言葉で人にシェアしたり発表したりすることによって、「あ、自分の中にこんなものがあるのか」という気づきを起こしていきます。

今や世界中で大ブームの近藤麻理恵さんのお片づけメソッドでも、最初に自分のクローゼットの中のものを一つ残らず一カ所に山にしていきますが、これと似ています（ちなみに私は彼女のメソッドにのっとったお片づけを定期的にしていますよ）。

そうすると、**自分では気づかなかったいろいろなものを目の当たりにする**ことになります。思考の癖に気づいたり、「こんなにもネガティブな感情が溜《た》まっていたのか！」とショックを受けたりするかもしれません。でもそれは「棚卸し」には必要なことなのです。

次にやることは、それら**書き出したものを一つずつ仕分けしていく**ことです。

仕分けの仕方は自分の価値観を基準にしていきます。ポイントは、今の自分ではなく、**なりたい自分が選択した場合、果たしてそれは、ワクワクするか／しないか**、必要か／不要かなどで決めることです（近藤麻理恵さんのお片づけの基準は「ときめくか／ときめかないか」で「捨てるもの／残すもの」を決めます）。

その際には「これを大切にしたい」という価値観を多くても3つまで定め、**その価値観を元に人生で起こるすべての選択をしていく**のです。

例えば私の場合、「クリエイティブな私でいる」というのが大きな価値観です。ですので、何かを選択する上で、「それはクリエイティブな選択だろうか？」と常に自問自答しています。

これを繰り返していくことで、さまざまなことに対する選択力や決断力が高まり、自分自身のことがよくわかるようになります。その状態で改めて自分の魅力について考え、思うことをさらに書き出していくのです。

最初は恥ずかしいかもしれませんが、「これが自分の魅力かな」と思うことを書き出していくと、文字を通して客観的に自分の魅力を捉えることができます。そこまでできたら、今度はそれを人に伝えてみましょう。

「私、自分のこういうところが好き」。この言葉を言えるようになったら、かなり前進です！

次に「そんな自分の**魅力が人に伝わるためにはどうしたらいいか？**」を考えてみましょう。

例えば、先ほど例に挙げた「クリエイティブな私」が自分の魅力だと思う場合（本当にそう思っています）、クリエイティブな私が伝わる話し方＝ハキハキと笑顔で表情豊かに……、クリエイティブな私が伝わるコミュニケーション＝オープンマインドでフェア……、クリエイティブな私が伝わる見た目＝型にはまらずＴＰＯに合わせていろいろなテイストを着る……などという具合に。

自分の魅力を伝えるためにはどうしたらいいのかを考え、**人生のさまざまな場面に置き換えてイメージし、実行**していきましょう。

Self produced 5

ウィークポイントは「質」として受け入れる

「自分の魅力を見つけられたのはいいけれど、自分のウィークポイントはどうカバーしたらいいのか？」と思いますよね。ここでは、そんな「弱み」の活かし方についてお伝えします。

人にはさまざまな個性があって、**強みも弱みも含めてその人の個性であり、魅力**だと思うのですが、当人からしたら「自分のこんなところが嫌、改善したい」と思っていることでしょう。

私にもたくさんの弱みがあります。例えば、せっかち、つい忙しくしがちで余裕がなくなる、人に気を遣って自分が疲れる、完璧主義、やりたいことが多すぎてブレやすい、あがり症、背が低いのが嫌、髪にボリュームがないのが嫌、面長の顔が嫌など、挙げればキりがありません。

ですがこれらは、実は以前感じていたウィークポイントであり、今の自分はあまり感じていません。といっても、これらのウィークポイントがなくなったわけではないのです。今でも変わらず持ち続けているのですが、これらを**弱みとして捉えるのではなく、私の「質」と捉えています**。

自分にはこういう傾向（＝質）があるということを知っておいて、**その質がネガティブな方向に行かないように事前にコントロールする**のです。

これらの質は、それ自体に良い／悪いはなく、その質を自分にとって良い／悪いと判断した後に初めて強みや弱みとして感じられるのだと思います。

例えば、私の例に挙げた「せっかち」という質。せっかちと聞くとネガティブに捉えられることが多いのですが、その表現を「行動が早い」「スピーディー」に変えたらどうでしょう。**同じ質でも表現を変えると、なんだかポジティブ**に聞こえます。

せっかちな自分が嫌だなと思っていた以前の私は、「せっかち」という言葉の裏に、「余裕がない自分」をイメージしていたのです。でもよく考えてみたら、余裕がなくならないように時間やエネルギーを調整しておけば、「せっかち」という質からは、「仕事が早い」「効率がいい」「無駄がない」などポジティブな側面がたくさん出てきました。


私は今となっては、この「せっかち」という質をとても気に入っています。

せっかちな質がなければ、今の私の行動力やスピードはないからです。

ただし、日頃から注意しているのは、自分に余裕がなくなると「せっかち」という質のネガティブな側面も出やすいので、そうならないように日々自分を振り返って、余裕のある状態を保つよう心がけています。


では、外見的なことや**ポジティブに転換できそうもないこと**はどうでしょう。

自分のことを「太っているのが嫌。ダイエットに何度トライしても続けられない自分も嫌」と思っていた場合。

まず、太っているということ自体は、**自分がネガティブに捉えているだけ**で、中には太っているほうがいいという人もいます。問題なのは太っていることではなく、「痩せたいと思っているのにそれができずに、太っている自分でいること」。ここで自己否定が起こっているのです。

では何をすればいいかというと、**自分を肯定するためにできることを考えて、片っ端から実行**するのです。ライフスタイルの見直しはもちろんのこと、ストレスと向き合う、カウンセリングに通うという選択だってあるかもしれません。

こうしてウィークポイントをきっかけに自分を律することができるようになったり、ライフスタイルが向上したりしたら、それが**自信となり、これから先の人生の糧となる**でしょう。

人生において何かしら克服した経験がある方は、それ自体がギフトやチャンスです。もしかしたら後に、ダイエット本が書けるかもしれませんし、同じようなことで悩んでいる方にアドバイスをする立場になれるかもしれません。そう、**弱みを認識することは、チャンスへの第一歩**でもあるのです。

Self produced 6

あなたをステップアップさせる「ロールモデル」

ところで、あなたにはロールモデルがいますか？

ロールモデルとは、お手本の人という意味です。

「この人になりたい！」というようなすべての要素でお手本にする人を持つ必要はありませんが（その人そのものになることは不可能なので、逆に持たないほうがいいのです）、「ファッションだったらこの人」「仕事だったらこの人」「生き方だったらこの人」というように、**それぞれの分野で自分の理想を叶えている人を見つける**ことは、なりたい自分になり、そして理想のライフスタイルや人生を叶える手助けになります。


ただ漠然と、「お金があってキレイで仕事ができて……」というぼんやりした目標よりも、「○○のようなライフスタイルで、××のような美しさで、△△のような仕事の仕方で……」と**ロールモデルを置くことにより、イメージが明確化**されます。

夢や目標は、ぼんやりしたままだとなかなか叶いません。

より具体的なイメージを描くためにロールモデルを置き、もしそのロールモデルが実際に会える人の場合は、その人のエネルギーを直に生きた感覚として捉えるために、時間や空間を極力共にするように努めましょう。

そういった体験をすることは、夢や目標の実現を早めてくれます。

私が最初に本を出版した時からずっと伝えていることは、**「なりたい自分になるためには、いかに素敵な勘違いができるか」**ということです。なりたい自分になりきって勘違いをすることで、先に説明したセルフイメージがぐっと高まります。

セルフイメージが高まっている状態が続くと、当初不可能と思われたことが、次々に叶っていくのです。

私は常に、この**「素敵な勘違い」ができる状況をあえて作っています**。

あるエピソードを紹介しましょう。

私は昔から本を書くことが夢でした。出版のお声がけをいただいた約5年前、天にも昇る気持ちになりましたが、私にとって本を出すことはゴールではありませんでした。本を出版することをきっかけに、大切なことを世の中に多く届けたいと思っていたので、ベストセラー作家になって本を出し続けたいと思っていたのです。

では、無名の私がどうやったら本を出し続けられるようになるか？　これこそセルフイメージを常に高く保ち続けなければ、成し遂げられない目標です。

そのために、**私はまずロールモデルとなる人を数人決めて**、「その人はどんな生活を送っているのだろう？」「どんな仕事の仕方で、どんな場所に出かけるのだろう」「どうやって本を書いているのだろう」とイメージし、**きっとこうだろうなと思うことをすべて実行**しました。

具体的には、素敵なホテルに数日こもって執筆したり、インスピレーションを受けそうな海外の街のカフェでPC（しかも絶対にMac）を広げて執筆したり……。「ベストセラー作家だったらどんな発信をするか？」「どんな人たちと付き合うか？」などといろいろ妄想を膨らませて、それらを楽しみながら実行していきました。

ちなみにこれらは当時から現在までずっと行っていることですが、今ではその**習慣が染み付いて、いつしか人生の一部に**なっています。

そしてありがたいことに、今ではベストセラー作家と呼んでいただけるようになりました。これはとても感慨深いことです（何をもってベストセラー作家と呼ばれるのかは曖昧ですが……。私が目指しているポジションはもっと遥《はる》かに上なので、現状に満足はしていませんが、今の自分を認めてはいます）。

他にも、今のような自分になる前（10年前くらい）の私のロールモデルは、**ドラマ『セックス・アンド・ザ・シティ』のキャリー**や、当時ミス・ユニバース・ジャパンのナショナルディレクターをされていた**イネス・リグロンさん**などでした。

彼女たちの共通点は、「美」「意識の高さ」「女性に影響を与える存在」「おしゃれさ」。

キャリーの場合は、好きな時に好きな場所でおしゃれや旅、恋愛を楽しみながら、「書く」ことを仕事にしているところに憧れたので、キャリーが出没しそうなイメージの場所に行ってみたり、ライフスタイル、服装や髪型、セリフまで真似してみたりと、当時は常に「キャリーっぽい選択」を心がけていました（笑）。

また、世の中の女性にとってどんな存在で在りたいかと言えば、当時、イネス・リグロンさんがまさに〝どストライク！〟。彼女は、女性の内面的な美を引き出し、内側から溢れる自信でたくさんの女性を輝かせていました。また、日本女性の美を世界に知らしめるチャンスを作った存在であり、多くの女性たちの意識を改革していました。

それから10年後……、ピッタリ同じとは言いませんが、たぶん**この2人にかなり近いライフスタイルやワークスタイルを実現**しています（タイプは違いますが）。また、私が2人に憧れたのと同じように、多くの女性から「エレナさんのライフスタイルやワークスタイルが目標です」と言っていただくことが増えました。恐縮ですが、本当にありがたいお話です。

このような経験から、私は今でも常にロールモデルを持つようにしているのです。

ロールモデルとは、自分を引き上げてくれる大切な存在なのです。

WORK

Q あなたは「どう在りたい」あるいは「どう在りたくない」と思っていますか？

例）人間関係や日常の出来事、常識にしばられずに自由で在りたい／
毎日何かにワクワクし、日々を楽しめる自分で在りたい

Q あなたはそれをどのくらい実現できていますか？
さらに実現するためには、どうしたらいいでしょうか？

例）50%くらい。もっと自分を出して、周りに自分のことを認めてもらうようになる／
30%くらい。ネガティブなことを考えてしまうことが多く、
ワクワクするところまで至らないので、なるべくポジティブに考えられるようにする

Q あなたはいまどんなセルフイメージを持っていますか？

例）引っ込み思案／みんなに合わせることが得意／自分にあまり自信がない

Q あなたは自分のセルフイメージをどのように変えたいですか？

例）もっと自信を持って、自分からいろいろなことを発信できる人になりたい

WORK

Q あなたの好き嫌いや、やりたいこと、行きたい場所など、思いつくまま書き出してみましょう。

例）好きなこと：読書、料理、ショッピング、友人とのおしゃべり／
嫌いなこと：運動、人前で何かをすること、知らない人と会うこと／
やりたいこと：毎日続けられる運動（ダイエット）、料理教室／
行きたい場所：屋久島、台湾、マルタ島

Q 人生で大切にしたい価値観を挙げてください（最大３つまで）。

例）①家族や友人を大事にする　②責任を持って行動し、仕事もきちんとこなす
③自分が居心地いいかどうかを常に考える

Q 仕事・ライフスタイル・ファッションにおける
あなたのロールモデルはそれぞれ誰ですか？

例）仕事：ドラマ『セックス・アンド・ザ・シティ』のキャリー／
ライフスタイル：モデルの梨花さん／ファッション：タレントのローラさん

第2章

環境を変えれば、確実にあなた自身が変わる

Self produced 7

環境があなたを創る

「セルフプロデュース」を活用すれば、**憧れのライフスタイルを実現**することも可能です。

ここでも、まずはなりたいライフスタイルのイメージをたくさんストックすることから始めましょう。

方法としては、ライフスタイル系の雑誌を読みあさる、インスタグラムのハッシュタグ検索で理想のイメージに近い写真を見つけて保存する、おしゃれな友達と1日を過ごしてみる、または家に遊びに行くなど、アイディア次第でたくさんあります。

ライフスタイルを始めとする環境や習慣は、あなたに大きな影響を与えます。

「環境が自分を創る」といっても過言ではないと思います。

ここでいう「環境」とは、住んでいる地域、家、部屋、職場、人間関係、よく出かける場所などですが、もっというと、普段よく耳にする音や言葉、自分が発する言葉、よく見る景色やよくする表情、よく着る服や持ち物なども含まれます。

これらをただ何気なく選ぶのではなく、自分の意見や思いを持って、**意識的に選んでいくと、セルフイメージも変わっていきます**。

どういうことかを詳しく説明すると、例えば「自分はこんな部屋が理想」というインテリアに模様替えしてみたとします。すると、そこにいるだけで気分が良くなって、ワクワクすることを考える時間が増えたり、その部屋のイメージに合わせて着る服を選んだりするようになります。そうなると毎日が楽しくなるだけでなく、日々のワクワク感が表情や話し方にも表れ、人から良い印象を持たれるようになっていきます。そして周りからいいフィードバックをもらうと、「私ってそうなんだ！」とさらに意識やセルフイメージもアップしていくのです。

こんな循環、少しは経験がありませんか？

これを意識的に行うことが、**「環境を設定していく」＝「ライフスタイルをデザインす**

る」ということなのです。

私はこれをある時期からずっと意識的に行っているので、今ではライフスタイルのすべてが自分で選んだ心地いいものになっていて、それらに囲まれて生活しています。

言い換えると、**ワクワクするものを少しずつ自分の周りに配置**していくということを繰り返していき、見渡すとすべてワクワクしたもので覆われているという状態を作ったのです。

環境は、すべての変化のカギを握っています。

例えば私は、住む場所や家にこだわります。いきなりすべての理想を叶えられなくても、譲れないポイント（例えば、日当たりが絶対にいいことなど）を3つくらい叶えられる家を見つけ、部屋には海外で見つけたお気に入りのものを少しずつコレクションしていき、基本はシンプルで整理整頓している状態を保つなどします。

朝の時間の使い方や、1日の食べ物、服や持ち物もすべて**「ワクワクするもの」をこだわって選んでいく**と、自分にとっての心地良さや、「好き／好きではない」がすぐにわかるようになり、**アンテナ感度が磨かれていきます**。

こうしてアンテナ感度を高めておくことで、人生のあらゆる場面での**選択や決断、直観力も磨かれていく**のです。

また、自分のこだわりを持つということは、センスを磨くことにも繋がります。

逆に自分を取り囲むものに対して何もこだわりを持たず、「これでいいや」と妥協を繰り返していると、やがて自分自身にも妥協するようになり、妥協してできなかったことに対して言いわけがましい自分になってしまうこともあるので、注意が必要です。

WORK

Q あなたを取り巻く環境に関して、どんなことに不満を感じていますか？

例）同居している親や家族の目が気になる／もっと職場に近いおしゃれな街に住みたい／相性の合わない上司や同僚がいて仕事がしづらい

Q 環境に関して気に入っていることを3つ挙げてください。
そこにはあなたのどんなこだわりが表れていますか？

例）①家事の心配がなく自分の時間をゆっくり取れる→こだわり：自分らしくいられること
②部屋が広いので開放感があってくつろげる→こだわり：ゆったりと過ごすこと
③やりがいのある仕事を任されている→こだわり：仕事で結果を出すこと

self produced 8

自分を変えたければ、まず住環境を変える

前項で「自分を取り巻く環境が自分を創る」とお伝えしましたが、「自分を変えたい！」「人生を劇的に変化させたい！」のなら、環境を変えるのが手っ取り早い方法です。

環境の中でも大きな要素は、住まいや職場など属するコミュニティ、普段付き合う人などですが、**最大の要素はやはり家**だと思います。家は、一番長く過ごす場所だからです。

普段どんな環境に身を置いているかで思考やセルフイメージは変わっていきますが、その中でも長く時間を過ごす場所や人から、もっとも影響を受けます。ですから、自宅よりも職場にいる時間のほうが長いという方は、職場の環境が要《かなめ》となります。

家が自分の落ち着く状態、またはワクワクした状態であると、普通に過ごしているだけでパワーがチャージできます。ケータイの充電をするのと同じように、**家に帰って一晩寝るだけでも、エネルギーが満タンになる**のです。ですから私は「家」に一番お金をかけて

いるかもしれません。それは、**心地いい環境づくりに投資している**ということです。

住む地域や家を変えるのは、自分を劇的に変える手段ではありますが、いきなり引っ越しはできないという方の場合は、**リノベーションや模様替えでも構いません**。

ただし、「本気で変えたい！」と思っている人には、引っ越しをオススメします。

もちろん、今の家を心の底から気に入っているという方は引っ越す必要はありませんが、「自分を変えたい」「人生を変えたい」と思っている方には、おそらく今の家に満足していない方が多いのではないでしょうか？

私はこの20年間で10回以上の引っ越しをしています。1年おきに引っ越しをしていた時期もあります。なぜかというと、「自分の心や感覚（直感）に正直に生きる」と決めた結果、少しでも違和感があることに対して我慢できなくなってきたからです。

でも、そのおかげで私は選択力や決断力が養われ、感覚やアンテナ感度が磨かれていきました。

常に「なりたい自分が住む家」を意識しているので、家を変えるタイミングは、なりたい自分像が変わった時や、なりたい自分を既に叶えてしまった時です。その家の器には収まらなくなるのを感じて引っ越します。単純に飽きっぽいとも言えるのですが。

家、仕事の仕方、時間の使い方、人との付き合い方、身に着けるもの、話し方、振る舞い方などすべてにおいて、私は今の自分ではなく「なりたい自分」をイメージし、「その自分だったらどういう選択をするかな?」と考え、選んでいます。もちろん気を抜いていると「今の自分」が出てきてしまうのですが、なるべく「なりたい自分」をイメージしたまま過ごしていると、行動が変わってきます。行動が変わると、当たり前ですが、得られる結果も変わってきますよね。

つまり、**セルフイメージが上がる環境を整えることが大事**なのです。ですから私は引っ越しをするのですが、自分にとって〝アガる〟状態になったらそれでいいのです。引っ越さない場合、**家をキレイに片付けるだけでも〝アガる〟**かもしれませんし、お気に入りのインテリアで揃《そろ》えたり、お花を買ってきて生けるなどもいいと思います。

職場について劇的に変えたければ、転職や起業をするしかないかもしれません。でも、会社の部署や役割を変えてもらう、デスクを片付けてお気に入りの空間をアレンジするといった小さなことから、徐々に変えていくこともできるのです。

環境が変わると、意識や感覚が変わります。気分が〝アガって〟心地のいい、ワクワクする環境に身を置くと、セルフイメージが高く書き換えられ、それによって**ポジティブな出来事を引き寄せやすく**なります。

逆に環境に妥協をすると、「納得いっていないけど仕方ない」「どうせ私は……」という気持ちがセルフイメージを下げ、ポジティブな出来事を引き寄せにくくしてしまうのです。

WORK

Q　今あなたが住んでいる家について、気に入っているのはどんなことですか？
例）日当たりがいい／玄関が広いところ／通勤に便利

Q　今あなたが住んでいる家について、不満があるとしたらどんなことですか？
例）トイレとバスルームが一緒になっていること／最寄り駅から少し距離があること

Self produced 9

1日を劇的に変える朝のルール

環境の要素には「生活習慣」や「時間の使い方」という要素も含まれます。

普段どんな生活や時間の使い方をしているかで、自分自身は大きく変化しますね。


とりわけ、**朝の時間の使い方は1日を左右します**。

イメージしてみてください。朝気持ちよく起きられて、余裕のある時間を過ごせると、1日がゆったりと充実して過ごせると思いませんか？

逆に、寝起きが悪くダルさを感じたままバタバタと出かけてしまうと、1日中気持ちが優れなかったり、余裕がなくささいなことでイラっとしたりしてしまうという経験はありませんか？


「朝を制する者は1日を制す」と言われますが、本当にそうだと思います。

では、朝気持ちよく起きるためには、どうしたらいいでしょうか。

寝起きは潜在意識と繋がっています。朝起きた時や夜眠りにつく直前は、潜在意識と顕在意識のスイッチが切り替わる瞬間なのです。

朝バタバタ起きて、「もっと寝ていたい」「今日も1日大変だな」などというネガティブな感覚を味わうと、それも潜在意識にインプットされて、1日のさまざまな場面で形を変えてネガティブな感覚がぶり返してきます。

ですので、**気持ちよく起きるためには、前日からの準備も大切**ということです。

寝起きでバタバタしないように前日に翌朝やることを準備をして寝る、しっかり睡眠をとってスッキリ目覚められるようにするなど。

また、朝気分良く目覚める方法としては、寝る前にワクワクする未来をイメージしたり、その日に嬉しかったことや感謝したことについて考えたりして眠りにつくと良いでしょう。

すると翌朝目覚めた時にいい気分になっています。

逆に寝る前にネガティブなことを考えて眠ると、その気持ちが潜在意識に残ってしまい、寝起きや1日のふとした場面で、前日のネガティブな感覚が形を変えて湧いてきたりします（なぜか元気が出ない時などもそう）。

また、**朝は1日の第一印象**です。人や店などにしても、一番最初に受けた印象をその後もしばらく引きずると思いますが、1日の印象もスタートである朝がもっとも大事で、第一印象がバタバタだと、何となくその印象に流されて1日を過ごしてしまいがちです。夕方頃にやっとペースを取り戻せても、1日の大部分が終わってしまっているので非常にもったいないですよね。

セルフプロデュースが得意な人は、時間の使い方もきちんとプロデュースしています。

「**時間を制する者は、人生を制する**」です。

そんな人たちは1日のパフォーマンスを重視していますし、ひいては人生でのパフォーマンスも重視しています。

ここでいうパフォーマンスとは、**限られた時間やエネルギーの中で、最大限の結果を生

むこと。私も常に意識しています。なぜなら時間は有限であり、人生は一度きりだから。

これは何も、限られた中でより多くのことをしよう！という、考えただけでも忙しくて嫌になってしまうようなものではありません。

あくせく頑張らずに、ニコニコ、リラックスしながら物事をスイスイ進めたり、人と**円滑なコミュニケーションを取る**ことで**自分も周りも望む状態を作る**ことです。

まずは朝を自分の納得のいく状態で過ごしてみましょう。すると1日のパフォーマンスが上がるのを実感できるはずです。

WORK

Q あなたにとってどんな朝の過ごし方が理想的ですか？

例）出かける2時間前には起きて、朝ヨガや読書をする／
朝食はフルーツや自家製スムージーをゆったり食べる／朝にランニングをする

Q 普段、理想的な過ごし方ができていないとしたら、なぜできていないのでしょうか？
原因は何だと思いますか？

例）夜更かしして、ギリギリまで寝てしまう／
遅くに食事を摂ったり、不規則な生活をしている

Self produced 10

心が散らかっている時は、まっさきに部屋の片付けを

部屋の状態と心の状態は比例します。心が散らかっている時は、部屋も散らかっているはずです。そして、部屋が散らかってくると、心も散らかってきます。

忙しい時、部屋を片付けられずにソファに荷物を重ねていくと、だんだん部屋をキレイに保つモチベーションが損なわれてきて、「もういいや！」となりがちです。そして、**「もういいや！」という心の状態の時は、自分や周りに対しても雑になりがち**です。

逆に、心が落ち着かない時には、一度思考を停止して淡々と部屋の片付けや掃除をしてみましょう。するとだんだん心が落ち着いてきて冷静さを取り戻したり、一呼吸おくことによって集中力や注意力が上がってきたりします。

この法則を利用して、**心を整えたい時に部屋を片付けてみる**のはどうでしょう？

部屋が片付いていくうちに、心も片付いていきます。掃除も同じですが、私は自分の心を磨きたい時、家を磨きます。そしてそれを**1日の第一印象である朝に必ず行います**。

朝は遅くても出かける3時間前には必ず起きて、まず掃除や片付け、洗濯をします。

起きてから早い段階で掃除や片付けをすることは、**1日の気分をポジティブな方向へと導いてくれるからです**。

朝、片付いてキレイになった空間を見ると、それだけでやる気が湧いてきますし、その空間で落ち着いてメールチェックをしたりブログを書いたり、朝ごはんを食べることによって、1日のマインドがポジティブにセットされていくのです。

とは言っても、毎日いいことばかりではありませんよね。

朝の時間を大切にして、自分がポジティブでいられるよう心がけていても、思いがけず誰かにネガティブなことを言われたり、人間関係のトラブルに巻き込まれることだってあります。

そうした時にも片付けはオススメなのです。**片付けには瞑想《めいそう》と同じような効果**があり、片付けることで心が鎮静されていき、本来の自分がわかるようになります。

また、片付けることを習慣にしていくと、自分にとって「要るもの／要らないもの」がよくわかるようになり、選択力も身につきます。自分の感覚にフィットするものが何かもわかってくるので直感力も上がります。

何かに迷った時、モヤモヤした時、不安な時は、騙《だま》されたと思って片付けをしてみてください。家や部屋が整って納得のいく状態になった時、人生のあらゆる問題と無縁になっているでしょう。

本当に満たされて**成功している人の住まいで、散らかっている家を見たことがありません**。

表面的に成功していても中身が満たされていなかったり、心が豊かでない人は、家も同じです。見た目は素敵だったりゴージャスだったりしますが、収納の中がぐちゃぐちゃだったり、高価なものはたくさんあるけれど汚れていたりします（かくいう私も見えない部分が散らかりがちなので注意しています……）。

私は、**家と体は自分の鏡**だと思っています。「家がちょっと散らかってきたな」「汚れてきたな」とか、「ちょっと体調が悪いな」「痛いな」などというのは**心や体のサインと捉え、大ごとになる前に速やかに対処**するようにしているのです。

対処するというより、家の状態や体のサインを通して、根本の心の状態にきちんと向き合うというのが正しい表現ですね。

周囲を見渡してみてください。あなたの部屋はいま、きちんと片付いていますか？居心地のいい空間になっているでしょうか？

WORK

Q 部屋の中であなたが納得のいく状態になっていない場所はどこですか？

例）キッチンや洗面所、お風呂場などの水回り／クローゼットや収納の中、リネン類

Q 納得のいく状態にするためにあなたは何をしますか？

例）曜日を決めてカレンダーに書き込み、こまめに掃除をする／週末に一つずつ、いらないものといるものを分けて断捨離する

Self produced 11

いらないものや感情は潔《いさぎよ》く手放す

私たちは何かを手に入れた時、同時に何かを失っています。

- 欲しいものを買った時、お金を失っています。
- パートナーを手に入れた時、一人の時間を失っています。
- 新しいスキルを身につけるために勉強している時、一時的にエネルギーを失っています。

「失う」と言うとネガティブに聞こえるかもしれませんが、失うことは悪いことではありません。なぜならそれと引き換えに欲しいものを手に入れられるから。要は捉え方です。

何も差し出さずに、何かを手に入れることは不可能です。

何かを手に入れたかったら、何を手放すか決めましょう。そしてそれを潔く手放すことで、新しいものがやってきます。

何かを手に入れることで失うものがあるように、**手放すことで手に入れられるものもたくさんある**のです。私はこれまでの人生でたくさんのものを手放してきましたが、同時にたくさんのものを手に入れてきました。

手放すことを恐れなくなってからは、より多くのものが入ってきたと感じています。それは執着がない状態だからなのでしょう。執着すればするほど、新しいチャンスや出会いは減ります。逆に執着がない状態（＝手放すことを恐れない状態）でいると、思いがけずさまざまなチャンスや出会いに巡り合うことができるのです。

感情や感覚も、ものと同様に手放すことができます。
自分の人生をプロデュースすると決める時、**手放さないといけないものは意外とある**ものです。
ある意味、自分の人生に責任を持つという覚悟を決めることですから、変なプライドや見栄、エゴ、不安、迷い、焦りなどは手放していかないと、なかなかセルフプロデュースはできません。

前に進みたい時に、後ろに引き戻そうとする感情や感覚は、すべて手放していきましょう。

とはいえ、**長年抱えてきた感情や感覚をいきなり手放すのは難しい**こと。持っていた期間が長い感情や感覚ほど、それを手放すまでに時間もかかります。その感情や感覚があるということに慣れすぎてしまい、自分の一部のようになっているからです。

そんな時、**一番手っ取り早いのは脳を変えること**です。

脳を変えるとは、思考や視点をガラッと変えることです。フォーカスする部分を変えることによって物事の見え方、捉え方が変わってきます。

これはある意味**トレーニングをするしかありません**。

このトレーニングは、ちょっとした日常の出来事で行うのですが、何かに対して「こうだな」と思うことを、「本当にそうなのかな？　違う捉え方があるとしたらどうだろう？」と**別の視点を持ってみる**のです。

例えば、大きな仕事が突然なくなってしまった場合、そのために予定を空けていたり、別の仕事を断っていたりした場合は特に落胆しますが、そんな時は脳を変えて、「1日しっかり休めってことかな。そうしたら次にさらに大きな仕事を取るための作戦会議ができる！」などと切り替えるのです。

または、「憧れの○○さんだったらどうするかな？」など、まったく別の人の視点に立つことも脳を変えることになります。

こうしたトレーニングを重ねることで**思考を転換する癖がついていき**、手放すことに対しても、「ある意味では手放すけれど、ある意味では別の何かを手に入れているんだな」と捉えられるようになります。すると手放すことが容易になり、**入れ替わりにチャンスや出会いが巡ってくる**のです。

WORK

Q もういらない、捨てたいと思っているものと感情を、それぞれ3つまで挙げてみましょう。

例）もの→①元カレからのプレゼント　②着ていない服　③使っていないダイエット器具
感情→①思い出にしがみついてしまうこと　②すぐに人に合わせてしまうこと　③誰かに嫉妬してしまうこと

Q あなたはそれを、いつ、どうやって手放しますか？

例）もの→次の休日にフリマアプリを使って売りに出す
感情→そうなっているなと気がついたら、過去ではなく未来のことを考えたり、自分に自信を持つためにアファメーション（自分を肯定する宣言）を始めてみる

Self produced 12

言葉の魔法

理想の自分になるために、ぜひ意識して欲しいのが「言葉の使い方」です。

「言霊《ことだま》」という言葉がありますが、言葉は魂を持つと昔から言われています。言葉の影響力はスピリチュアル的な話ではなく、脳科学でも証明されていることです。

以前講演会をプロデュースさせていただいた人材教育家・メンタルコーチで、オリンピック金メダリストも指導された飯山晄朗さんに教えてもらったのですが、**普段どんな言葉を使うかで脳の使い方（＝パフォーマンス）が変わってくる**のだそうです。日常で多く使う言葉は潜在意識に蓄積されていくのですが、潜在意識の中では、その言葉と関連する過去の記憶や感情とが結びついて強力なものとなっていきます。

例えば、毎日「私はできない」と言っていると、過去のできなかった経験や記憶とその言葉が結びついて「ああ、やっぱり私はできない人間なんだ」というセルフイメージができあがっていきます。逆に、毎日「私はできる」と言っていると、過去にできた経験や記憶と結びついて「私は何でもできるんだ！」というセルフイメージができあがります。

そしてこのセルフイメージが良くも悪くもあなたの行動を左右するのです。

そのセルフイメージを変えるために大切なのが、言葉の使い方です。

普段自分が耳にする言葉、口にする言葉に注意しましょう。**ずっと聞いている言葉は、知らず知らずのうちにあなたのセルフイメージを構築している**からです。

例えば毎日、「あなたはすごい、できる、素晴らしい」と言われて過ごすのと、「あなたはダメ、できない、使えない」などと言われて過ごすのでは、メンタルの状態に大きな差が生じますし、パフォーマンスに関しても雲泥の差が出ると思いませんか？

ですので、できるだけ**ポジティブな言葉が飛び交う環境（人間関係を含む）**を選びましょう。

悪口や陰口が多い人とは距離を置くこと。もしくは、職場などどうしても切り離せない場所にそういう人がいる場合は、なるべく早めに帰宅する、人の話に聞き入らずに聞き流す練習をするなど。

逆に、自分のことを褒めてくれる人や、ポジティブな言葉が飛び交うコミュニティーに進んで参加してみるのもいいでしょう。そういった言葉を聞ける音声チャンネル（最近ではPodcastや私も番組を持っているHimalayaなど）を聴くのもオススメです。

また、自分が使う言葉も同じです。他者に対して発した言葉を一番近くで聞いているのは誰だと思いますか？　自分の耳ですよね。

例えば毎日、「あの人のこれが嫌、ムカつく、最悪」などと言っているのは、自分の潜在意識にネガティブな言葉を自らストックしているようなもの。

人に対しても、自分に対しても、ポジティブな言葉を選ぶようにしましょう。

手帳やスマホの待受画面など普段よく目にする場所に、ポジティブになれる言葉をストックしておくのもオススメです。元気になる言葉を繰り返しノートに書くこともいいと思います。

ＳＮＳなどに自分の思いを投稿する際は、書いていても読んでいてもポジティブになれる言葉を意図的に使うと、自分の意識も高まります。書いている自分も元気になれて、読んでいる人も元気になれるような発信ができるとさらにいいですよね！

言葉には魔法のような効果があります。

一言で自分や人を元気にすることも、反対に傷つけることもできるのです。

さあ、あなたはどんな言葉を使いますか？

WORK

Q あなたが普段よく使っている言葉は何ですか？
それはあなたをポジティブorネガティブのどちらにする言葉ですか？

例）疲れた・めんどくさい（ネガティブ）／楽しみだね・面白そうだね（ポジティブ）

Q あなたを元気にしてくれる言葉を３つ探し、普段よく目にする場所に書いておきましょう。

例）①諦めずに行動を続けたら絶対に叶う　②私は私　③笑顔は周りを元気にする

self produced 13

思い通りの人生にするために、人間関係の見直しは必須

環境の大きな要素の一つとして「人間関係」があります。

普段、誰と一緒にいるかであなた自身は大きく変わります。

これについては、以前人から教えてもらった面白いワークがあります。

「あなたがよく一緒にいる10人を書き出してみましょう」というものです。

私はこのワークを今でも年に数回行うのですが、なんとさまざまな点で、書き出した10人の平均が自分だというのです。特に自分の年収が10人の平均であるという考え方は、インパクトがありました。

このことから、「一緒にいる人をきちんと選ぼう」と思ったのです。

ですが、何もすべてを自分より**高みにいる人で埋める必要はありません。**

成長だけが人生の醍醐味《だいごみ》ではないのです。中には一見自分にとってプラスにならず、自分が与えてばかりに思える人もいるかもしれません。ですがその人が自分にとって大切な人ならば、**与えることで自分が満たされたり、一緒にいることで心が落ち着いたり**など、結局は何かしら受け取っていたりするものです。

ただ、ピンとこないのに、なんとなくよくいる人の名前が書いてあったら、ちょっと考えたほうがいいかもしれません。例えば、付き合いで毎日一緒に飲んでいるけれど尊敬できない上司、毎日電話で依存してくる友達、ネガティブな発言が多い幼馴染《おさななじみ》、など。

これらの人が悪いというわけではなく、状況やタイミングが変われば自分にとっていい人になることもあります。ですが**「ピンとこないな」と思った時点では、一緒にいるタイミングではない**と思います。

モヤモヤしながらもその人と一緒にいることほど、エネルギーを下げるものはありません。例えば、恋人に対してモヤモヤしている時はいったん距離を置いてみたり、夫婦の場合もただなんとなく休みを一緒に過ごすなどはせずに、それぞれの時間を楽しんでみたりしてはどうでしょう。

いったん距離を置いたりタイミングをずらしたりすることで、冷静にその人との関係を見直すことができます。

自分の思い通りの人生を手に入れたければ、人間関係を見直すことは必須です。**誰と一緒にいるかで、良くも悪くもオーラは伝染する**からです。


「欲しい結果＝叶えたい夢や目標」が明確ならば、その結果をすでに実現している人となるべく時間や空間を共にしましょう。「憧れの○○さん」「尊敬する○○さん」「ロールモデルの○○さん」というように、会いたい人リストを作るのです（欲しい結果がまだ明確でない場合は、それを明確にするところからスタートしましょう）。


私はよく「会いたい人リスト」を作成します。その時に**会いたい人を書き出し、すぐにアポイントを取る**のです。

気軽に会える関係ではない人でも、その人と会えるチャンスがあれば全国どこへでも、ときには海外にだって足を運ぶようにしています（アーティストや作家などの場合、コンサートや講演会に行ってみたりします）。

そうした人たちと時間や空間を共にすることによって、その人の**エネルギーやオーラを生で感じる**ことができます。これは何にも代えられない体験です。実際に時間や空間を共にすると、たとえ遠くからしか見られなかったとしても、画面で見たことがある、文字で読んだことがあるというレベルを遥かに超えて、その人自身を感じることができます。

またそうした機会を作れたなら、ただ会いに行くのではなく、**感じようと思って会いに行ってみてください**。すると受容体が開いて、より多くのインスピレーションを受け取ることができます。

WORK

Q あなたがよく一緒にいる10人を書き出してみましょう。

Q 今月必ず会いたい人リストを作って、すぐにアポイントを取りましょう。

Self produced 14

出かける場所で、意識や気持ちをコントロールする

よく出かける場所もあなたの環境の一部です。

朝必ず寄るカフェ、ランチを取る場所、飲みに行く場所、週末よく行く場所、よく旅行する場所など。家や職場など自分が長く時間を過ごす場所の影響が一番大きいのですが、そこを納得のいく状態にしきれなかったとしても、この「よく出かける場所」をきちんと選ぶことによって、セルフイメージやモチベーションを上げることができます。

セミナーやこれまでの本でもよく伝えているのですが、**自分の「モチベーションが上がるスイッチ」を知っておくことが大切**です。どこに出かけて、どんな場所で過ごすと、自分のモチベーションが上がるのか？　自分が〝アガる〟スポットリストなども作っておくと、ちょっと落ち込んだ時や元気が欲しい時、「よし、あそこに行こう！」となり、ただ

ちに行動に移すことができます。

私は自分の意識や気分をコントロールしたい時、環境の要素をサプリメントのように使い分けています。

集中力を高めて仕事を一気に終えたい時は、クリエイターが集まるおしゃれなカフェに自分もPCを持ち込んで仕事をする。理想のボディになるために美意識を高めたい時は、キレイな先生がいるヨガスタジオにドロップインで行ってみる。優雅な気持ちで未来の自分をイメージしたい時は、お気に入りのホテルのラウンジに気持ちが〝アガる〟本を持ち込んで読書する、など。

そんなふうに**環境の要素を使って、意識や気持ちをコントロールする**のです。ここでいう意識や気持ちというのは、まさしく「セルフイメージ」のことです。

私は以前、日本テレビの「人生が変わる1分間の深イイ話」に2度出演させてもらいました。最初に出演したのは4年前の「海外旅行好きは本当に幸せか？」という特集で、なんと私のモナコ旅行に密着取材！というバブリーな特集が組まれたのです。それが大反響となり、「モナ子長谷川」と命名され、スタジオ収録にも呼ばれたうえに、2回目の特集が香港で組まれたのでした。

この時なぜ大反響（炎上という意味も含まれます）になったかというと、私は番組の中で頻繁に**「イメージが大切、だから私は形から入る」**ということを言っていたからです。その言葉通り、私は最初はまったく知り合いもいない憧れの国Ｎｏ．１のモナコに一人で乗り込み、毎年勝手に出かけては気持ちを高め（テレビでは「モナコチャージ」と表現されました）、ブログでモナコの素晴らしさについて語っていました。そうするうちに、モナコとのさまざまなご縁ができ、テレビで特集されるまでになったのです。

これは何が言いたいのかというと、最初は何もなかったのです。あったのは形のない自分のイメージ（モナコに行ったら私はこうなる、モナコっぽい私はきっと日本でこんな仕事をするなどという妄想）だけ。でもそのイメージを元に、実際に現地に足を運び、そのイメージを**繰り返し強く思うことで、本当にモナコでの人脈やチャンス、「モナコっぽい私」を手に入れることができた**のです。

実際、ある時期からモナコには毎年行っていたのですが、訪れるたびに自分の**セルフイメージがより高いものに上書き**されました。そこでさらにまたモナコの地に戻るということを繰り返すうちに、いつしかモナコは私のパワースポットになっていったのです。

現在も、2年に1回くらいは行っています。なぜ毎年行かなくなったかというと、「モナコチャージ」はほぼ完了したからです。チャージをするために行き続けていたら、モナコまで**足を運ばなくても、その状態をキープ**できる自分になれました。ですので現在は、行きたい時だけ出かけています。

自分の理想を現実にしたということです。

WORK

Q あなたのモチベーションを上げるスイッチとなる場所をリストアップしてみましょう。

例）ホテルのラウンジ／お気に入りのフラワーショップやカフェ／美容室やネイルサロン

Q その中で、あなたのNo.1パワースポットはどこですか？
そこにはどんな思い入れがあり、そこに行くとどういう気持ちになりますか？

例）お気に入りのフラワーショップ→お花に囲まれるだけでワクワクする
以前訪れたパリを思い出してまた行けるように頑張ろうと思える

第3章

「美人」をセルフプロデュースする

Self produced 15

美人を演じていれば、美人になれる

美人と聞いて、あなたはどんな人をイメージするでしょうか？

健康、ナチュラル、上品、エレガント、目力がある、肌がキレイ……など、美しさの定義は人によってさまざまだと思います。

それぞれが思う美をコツコツ目指せばいいのですが、**手っ取り早く誰でも美人になれる方法**があります。それは「**美人っぽく振る舞うこと**」です。

「え？　美人っぽく振る舞うってどういうこと？」とお思いの方もいるでしょう。

まずはあなたが理想とする美人をイメージしてみて、その美人になったつもりでちょっと演技をしてみてください。表情、話し方、姿勢、仕草、すべて変わると思います。

今の自分から、一気になりたい美人になろうとすると、自分の何をどう変えようか、遠い道のりだなとくじけてしまいそうですが、そうではなくて、自分をすり替える感覚です。そう、**女優になりきって、美人を演じる**のです。

私はもともと決して美人ではありませんが、よく美人と言われます（自慢ではありませんません）。なぜかというと、美人っぽく振る舞うのが得意だからです。

22歳で起業し、美容サロンを経営し始めた時、私は「美人でできるサロンオーナーになろう」と奮闘していました。お客様は自分よりも年上のキレイなお姉さまやマダムばかりだったので、そういった方に信頼されるには、サロンオーナーとしての美しさや品格を手に入れなくてはならない！と思っていたのです。

でも当時の私は、**自分の外見にコンプレックスだらけ**でした。

コンプレックスにフォーカスしても、変えられないものがたくさんあります。変えられないものを嘆くより、今あるものを活かそうと努力もしましたが、劇的に変えられない。どうしてもマイナスのほうを気にしてしまい、どうもパッとしないのです。

そんな時、私は「だったら演技をしよう！」と思ったのです。

毎日サロンに出勤して**制服に着替える時、自分の役も着替える**ようにしました。

映画『スパイダーマン』で、普通の少年がスーツに着替えた瞬間にスパイダーマンに変身するのと同じで、私は制服に着替えた瞬間から「美人でできるサロンオーナー」に変身するようにしたのです。

これはあくまでイメージの話ですが、私は中学生の頃に演劇部に所属していたこともあって、「イメージして役になりきる」のは得意だったのです。

それから、**お客様が私を見る目が変わった**のです。私への態度も確実に変わりました。お客様から一目置かれるようになっていったのです。

なぜだと思いますか？

それは私が自分自身を、「美人でできるサロンオーナー」として捉えたことによって、まるで自分がそうであるかのような発言や振る舞いに変わっていったからだと思います。

最初は演じていただけですが、お客様にはその演じた役を本当の私だと受け取っていただき、それに見合う扱いを受けるようになりました。すると、私自身も徐々に自分をポジティブに捉えられるようになり、**セルフイメージが上がっていって、よりその自分に近づいていった**のです。

また、セルフイメージが上がるということは、**自信をつけるということ**でもあります。人からどう見られているかを必要以上に気にしなくなり、褒められた時は素直に受け取れるようになりました。

これを毎日繰り返していったら、いつしか本当の自分と、最初にイメージした役が同じになっていたのです。

WORK

Q　あなたはどんな役を演じたいですか？
例）バリバリ仕事をこなすキャリアウーマン／指名No.1のカリスマ美容師

Q　あなたがそれを演じきるには、具体的にどんなことを心がければよいと思いますか？
例）退社後や休日もビジネスに関わる勉強をする／
人を楽しませることや、オーラを出すために身なりや姿勢を意識する

Self produced 16

理想に近づくために、まず自分を客観視する

なりたい自分になるためには、理想の状態を鮮明にイメージすることが大事ですが、それと同じくらい**自分を客観視することが大切**です。客観視すると、**今自分に何が必要か、何をするべきか**が見えてきます。他にも気がつくことがたくさんあるでしょう。

あなたは自分を、客観視できていますか？

客観的に自分を見る方法を3つ紹介します。

①自分自身のことを紙に書き出す
②写真や動画で自分を撮ってみる
③人に自分はどう見えるかを聞く

私が主宰するアカデミーでは、最初に「自分を知るためのワーク」をたくさんしていきます。具体的には、**自分自身のことをたくさん紙に書き出してもらう**のです。

こちらで質問をたくさん用意しておいて、その答えを書き出してもらったり、時には文章だけでなく図（マインドマップなど）にしてもらったりします。

理想の状態を書き出すのと同じように、現在の自分の状態も書き出すことによって、「あ、自分は今こう思っているんだな」というのがわかってきます。

それがわかると、「では、理想に近づくにはどうしたらいいか？」と**潜在意識が解決策を探し始める**のです。

次に、アカデミーでは**自分の写真を撮ってみたり、動画を撮り合ったり**もします。

なぜかというと、書き出しただけではわからない、リアルな「今の自分」を画面を通して見てもらい、わかってもらいたいからです。

自分が思っているより笑ってないな、自分が思っているより早口だな、などと客観的に知ることによって、潜在意識が勝手に働き、**理想の状態と今の状態を比べ、必要なものにアンテナを張るよう脳に指示してくれる**のです。

実際、この写真や動画を撮るワークはとても盛り上がります。「自分ってこんな顔してるんだ」「こんな声してるんだ」というのがわかり、思っていたよりいいいと喜ぶ方もいれば、**思っていた自分とあまりにもかけ離れていて落ち込む**方もいらっしゃいます。けれどそれも、なりたい自分になるために必要なショックであり、プロセスなのです。

私はある時期から、仕事で写真や動画に撮られたりする機会が増えましたが、それから劇的に自分を変化させていったと思います。それは自分を客観視する機会が増えたからです。

最後に、**人に聞くというのも有効な手段**です。

身近な人がいいのですが、**家族はNG**です。あまりにも近い存在なので、あなたを客観的に見るのがなかなか難しいと思いますし、聞くのも恥ずかしいと思うので、できたら**友達がいい**でしょう。

何気なく、「私って最初どんな印象だった？」「私ってどんな性格だと思ってる？」などと尋ねてみましょう。意外な答えが返ってきて面白いです。

そして答えてもらうだけでなく、ぜひ友達にも同じようにフィードバックしてあげてください。なかなか聞く機会がないので喜ばれると思いますよ。

私のアカデミーではこのように、**お互いにフィードバック**をし合う機会をたくさん設けているため、自分への理解が加速します。

自分を知ることができると、自分の活かし方がわかったり、自己肯定感が増したりするのです。

WORK

Q 自己紹介を動画に撮って見てみたうえで、気付いたことを書き出しましょう。

例）思っていたよりも語れることが少ない／語尾がはっきりしていない／伏し目がちになっている

Q あなたの印象を３人の友達に聞いてみて、言われたことを書き出しましょう。

Self produced 17

フィットする方法を知るために、まずはチャレンジ

自分を客観視して、さらに自分を知ることができたら、次は「そんな**自分には何が合うのか？**」を考えてみましょう。

世の中にはたくさんの美容法や健康法、自己実現方法などがありますが、**万人にとっての正解はありません**。あなたにとっての正解を見つけましょう。

答えは外ではなく、**自分の内面を見ていく**と必ずあります。

今、自分は何を求め、何が心地よく、何が必要なんだろう？　こうした問いを常に持って、自分自身に問いかけていくことが大事です。

また、一度正解だと思った答えも、環境や時期によって変わることがあるので、常に「今の自分」に問いかけてみてください。

ではどうやって問いかけていくのかというと、やはりここでも**書き出すことが大事**なのです。**最初は日記でもいい**と思います。今日自分が嬉しかったこと、悲しかったこと、成長したこと、やりたいと思ったことなど、なんでもその時思ったことを日記に記していきましょう。

私が自分に質問をすることで自らを知り、自己実現を早めていった過程は、拙著『自分の人生が愛おしくてたまらなくなる100の質問ノート』(大和書房)に詳しく綴《つづ》りましたが、私が自分の感情や思いをノートに書くようになったのは、20歳の時、ロンドンへの一人旅がきっかけでした。

最初は何を書いていいかわからなかったので、その日の出来事や、それについて自分はどう感じたかなどを恐る恐る書いていました。ですが、それを続けるうちにだんだんスラスラと書けるようになっていって、いつしか自分との対話のような日記になっていったのです。

そして、**書くことによって、自分が今何を求めているのか、どうしたいのかなどがわかる**ようになりました。また、書くことで気持ちがスッキリしたりワクワクしたり、書き出した文字を見ることによってさまざまな感覚が湧いてくるのを感じるようにもなりました。

現在では日記は書いていないのですが、ブログがまさにあの時の日記代わりです。

私は約12年前からアメーバブログ（略称アメブロ）を毎日更新していますが、**ブログは人に情報を伝えるだけでなく、自分自身の整理のため**にも書いているのです。

書くことによってどんどん自分のことがわかるようになり、かつ、人の役にも立つ。

私はこの循環が大好きで楽しすぎて、ずっと続けていたらそれが仕事になりました。


日記やブログ以外にも、**毎日手帳を書く習慣**を身につけたり、**新月と満月に願い事を書き出すワーク**をしたりするのもいいと思います。

ちなみに、新月と満月の日には、必ずその時向き合うべきテーマや課題などをブログに綴っているので、ぜひご覧になってみてください。


いずれにしろ、書き出しワークは自分が**一番ピンとくるやり方を直感で選び、まずそれをやってみましょう**。

やってみてちょっと違うなと思ったら、やり方を変えてみる。さまざまなやり方を試すことによって、自分にフィットするものが見つかっていくのです。

逆にいうと、**自分にフィットするものは実際に試してみないことにはわからない**ということでもあります。洋服のフィッティングと一緒です。合うだろうと思って試着しないで買って帰り、家で着てみたら入らなかった……という具合に。

頭で考えてこれかな、あれかな、と思案するのではなく、これかなと思ったものをまずはやってみましょう。やってみないと感覚がわからないからです。その感覚を大切にしていくと、自然と直感力も磨かれていきます。

WORK

Q　昨日の出来事を振り返って、ここに簡単な日記を書いてみましょう。

Q　そこから気づいたことや得たことは何でしょうか？

例）マンネリな気持ちで過ごしていた／嫌なことを引きずりがち／初対面の人と会うのが苦手

self produced 18

常にモチベーションを保つために、自分の機嫌を取る

あなたは**普段、自分を満たしてあげている**でしょうか？

自分が満たされるポイントをちゃんと知っていますか？

ここではあなたが、あなたの彼氏になったつもりで、「どうやったら可愛くって愛しい彼女を満足させてあげることができるか？」と考えてみましょう。

そのためにはまず、彼女が**どんなことをしたら嬉しいか**を知る必要がありますね。

他にも、**かけて欲しい言葉、好きな食べ物、好きな場所、好きな服**など。

自分にとってのこれらの要素をきちんと把握して、それをしてあげましょう。

すると、どんなことが起こると思いますか？　想像してみてください。

例えば私だったら、彼にいつも「キレイだよ」「大好き」「信頼してる」などと言っても

らいたいのですが（女性ならみんなそう思いますよね!?）、そうした言葉をかけられたら、嬉しくてよりキレイにしようと思いますし、大好きな気持ちに応えたいからもっと彼に優しくしようと思ったり、信頼してくれるなら自分ももっと信頼しようと思ったりします。

さてここで、その彼とはあなたでしたよね。

彼（自分）にそうした言葉をかけてもらうことで、キレイになったり、優しくなったり、信頼してもらえるのなら、もっと声をかけようと思いますよね。

ここでポジティブな循環が生まれます。

何が言いたいかというと、要は**自分をいい気分にさせると、いいことが起こる**ということです。あなたがあなたの彼になったつもりで、してあげたいことをまずは自分にしてあげましょう。

私は自分のご機嫌リストを誰よりも知っています。

どうしたら機嫌が良くなるかをレベル1～5までそれぞれ20個以上、スラスラ書くことができます。レベル1は簡単にできることで、レベルが上がるにつれて難易度が上がる分、効果も上がります。実際に以前オンラインサロンのメンバーさんからのリクエストで、本当に100個一気に書いて、サロンで公開しました。

日々の中ですぐにできる私のご機嫌リストは、スタバでコーヒーを飲む、時間を1時間とって読みたい本を読む、好きな精油をブレンドして入浴する、など。レベル5になると海外に一週間一人旅などです。

自分のご機嫌リストを熟知しているので、いつもそのリストにあることをぐるぐる循環させています。毎日自分がご機嫌になることをしてあげているので、常に気分が良く、そんな私は、何でもできるような気になったり、物事を何でも良いほうに捉えられたり、嫌なことにもフォーカスしないようになりました。

逆に**どうすると機嫌を損ねるかも熟知**しています。

先ほどの「あなたがあなたの彼になる」ということに当てはめると、彼女のご機嫌を損ねるポイントも知っていないと、いつどこで地雷を踏んで機嫌を悪くされるかわからずヒヤヒヤしますよね。知っていたらなるべくそのポイントを突かないように対策も取れます。

これは対人コミュニケーションでも有効で、**自分で自分の機嫌を取ることが上手い人は、人の機嫌を取ることもとても上手**です。

機嫌を取るというとあまりいい印象ではないかもしれませんが、要は周りの人を気分良くさせるのが上手ということです。

すると副産物的に、ラッキーな展開を招くことだってあります。

私は、自分と周りのご機嫌を上手に取れるようになったことから、仕事のチャンスを掴《つか》んだり、パートナーからの棚ぼた的な嬉しい出来事をたくさん得ている気がします。

WORK

Q あなたのご機嫌リストを書き出してみましょう。

例）美味しいものを食べに行く／友達と飲む／
新しいコスメを買う／リフレクソロジーに行く

Q あなたの機嫌を損ねることもリストアップしてみましょう
（そして普段それを避ける心がけをしましょう）。

例）母の小言を聞く／朝バタバタする／部屋が散らかっている／食事が不規則でお腹が減る

Self produced 19

美人は健康のセルフマネジメント上手

美の土台は健康です。私がアドバイザーを務めるNPO法人日本ホリスティックビューティ協会では、「ビューティは高いレベルの健康」と定義しています。

肌のコンディションを良くしたいからと一生懸命サプリメントを取ったところで、体に不調があればそこから先に栄養は補われるので、その栄養素が肌に到達するのは一番最後です（なぜなら肌は体の末端の器官であり、体は生命維持に大切な中心に近い部分から栄養を補給しようとするから）。

また、根本と向き合うということは、**体の健康だけでなく、心の健康についても同じ**です。いくら外見を完璧にしたところで、心が落ち込んでいたり余裕のない状態ではストレスになるので、肌荒れを起こしたり、不眠で顔色がくすんできたりすることもあります。

こうしたことからも健康と美は切っても切り離せないことがおわかりいただけるかと思いますが、**美人はこのことをよく知っていて、常に自分をマネジメント**しています。

前項では「あなたがあなたの彼になった場合」というたとえ話をしましたが、ここでは「あなたがあなたのマネージャーになった場合」を想像してみましょう。

あなたは売れっ子のタレントです。そのタレントのマネージャーもあなたです。その子がさらに売れるようになるためには、仕事を楽しみながらも、たくさん仕事をしてもらいたいところですよね。そうなった時、あなたは何をマネジメントしますか？

仕事のスケジュールもそうですが、まずは体調管理や心のケアなどするのではないでしょうか。大切な仕事に穴を開けないように、健康でいてもらうために食事や運動、休養なども管理するでしょうし、元気がなかったら元気づけたりもするでしょう。

こうしてしっかりマネジメントされたその子は、常に万全な体と心の状態となり、最大のパフォーマンスで仕事をしてくれるでしょう。

心身ともに健康でいると、日々のパフォーマンス力が上がり、何よりエネルギッシュでキラキラ輝いて見えます。そうした状態の時はオーラが強く、人の目に止まりやすいもの。そして美しく見えるでしょう。

比べてみてください。ばっちりメイクをして完璧なファッションだけど不健康そうな人と、何気ないナチュラルなスタイルだけど笑顔が元気で健康そうな人と、どちらが美しく見えますか？

健康でいることは、信頼にも繋がります。

例えば、仕事を頼みたいと思った時、健康そうな人と不健康そうな人のどちらに頼みたいですか？　不健康そうな人は、頼んでも体調が悪くなったら……と心配されて頼むものも頼まれなかったりします。

また欧米では、**健康な人は自己管理能力が高い**と見なされ、信頼されています。

これは肥満の人とスリムな人に関してよく言われる話ですが、肥満の人は自己管理能力が低く見られがちで、会社の面接などでも不利だったりします。

健康で美しくいるということは、常に自分の体や心の状態を知り、日頃からケアをしていないとできないことです。

たまに、「特にケアなんてしていないけれど健康」という人もいます。でもそういう方は、本人にとって当たり前すぎて気づいていないだけで、実は自分としっかりコミュニケーションを取っていて、無意識のうちに日々、ケアになるようなことをしているものです。

この章の最初に客観視の大切さについてお伝えしましたが、**自分のことをよく知っていくと**自分の心地いいことや扱い方もわかるようになるので、自分と向き合うことが上手になり、さらに**健康で美しくなる**のです。

WORK

Q 健康上、不安や問題を感じていることはありませんか？

例）肩こりがひどい／運動不足だと思う／生活習慣が乱れている

Q それを改善するには、何をしたらいいと思いますか？

例）ヨガ教室に通ってみる／帰りには一駅分歩いてみる／今より1時間早く寝る努力をする

self produced 20

美人になる考え方

先ほど健康についてお話ししましたが、もう少し「心の健康」について掘り下げましょう。**内面の美が外面の美も作る**という考え方が広く浸透してきましたが、内面の美を作るものは何なのでしょう?

それは心の在り方や、自信、穏やかさ、充実感なのではないかと私は思います。

自分の信念を持って、自分を信じ、他人に心乱されることなく、常に幸せで満ち足りた気持ちでいる方……と聞くと、「それは間違いなく美人だ!」と思いませんか?

これは持って生まれた容姿とは関係なく、そのような心持ちでいる方は、どんな方でも美しく見えると思います。

美しく見えるのに大切なのは、心の状態なのです。

そういうと、「じゃあ外見はまったく関係ないということ？」と思うかもしれませんが、関係ないわけではありません。外面も内面もどちらも大事です。ですが外面といっても、大切なのは**外から何かを足して飾って見せることではなく、内側の心の状態がもたらす外面の変化**です。例えば、自信を感じる姿勢や視線、優しさが伝わる笑顔や仕草など。

実際、内面が充実している人は、その充実さが外側にも表れてくるので、外面も美しく見えるのです。

では、内面を満たし美しくなるためには、どうしたらいいのでしょうか？

それは、**考え方を美人にする**ことです。

想像してみてください。例えば、物事に対して柔軟に前向きに捉えたり、常に心が穏やかな状態であるように余裕を持って生活をしたり、人に優しく感謝や敬意を持ち謙虚な気持ちでいる人は、美しい人だと思いませんか？

逆に、ブスになる考え方もあります。こちらも想像してみてください。例えば、物事を悲観的に捉え、常にイライラしたり言いわけをしたり、人の悪いところにフォーカスし、何かに執着や依存したり……。どうでしょう、想像しただけで「ブス！」と思いませんか？

また、**心の状態や考え方は表情にも表れます**。

常にネガティブなものにフォーカスしていると、表情は暗く難しい顔になります。口角が下がり、眉間にシワがよっていそうですよね。対して常にポジティブなものにフォーカスしていると、表情は明るく笑顔になります。口角が上がり、優しい目元になっていそうですよね。

表情は一時的なものかもしれませんが、良くも悪くも**普段からよくしている表情は、あなたの顔に刻まれていきます**。シワがその典型ですが、若い頃は気にならなかったシワも、年を重ねるごとに、どんな表情を普段していたかで入り方が違ってきます。

よく笑っている人は目尻にシワができていきますが、それは笑って過ごした証拠なので、私は幸せで美しいシワだと思います。

対して、いつも怒っている人は眉間にシワができていきますが、それは怒って過ごした証拠なので、ちょっと悲しいシワだと思います。

元を正せば、**普段の思考によって将来の顔が決まっていく**というわけです。

年を重ねるたびに顕著に表れてくる部分ですので、今から未来の自分の顔を作るつもりで、日々どんな考え方で、どんな心の状態であるかということに意識的になりましょう。

年をとっても美しく在りたいと願う方は、**自分が常に笑顔でいられる選択を心がけるべき**です。

それは自分の心に素直になるということ。

違和感を無視しないでくださいね。

WORK

Q 将来あなたはどんな顔になりたいですか？

例）穏やかだけど、芯があるように見える顔

Q そのために今から意識することは何ですか？

例）自分に自信を持てるように、まずは自分の信念を定める

第4章

セルフプロデュース術を使えば仕事は最強

self produced 21

自分が何者なのかを表現する

一般的に、「セルフプロデュース＝仕事に活かす」というイメージが強いと思います。

でも、ここまで読み進めてきたあなたなら、セルフプロデュースは仕事に限ったことではなく、人生全体において大切なスキルということがおわかりかと思います。ただ、**仕事に関しては特にセルフプロデュースの効果を感じやすく、結果がよりわかりやすい**のも事実です。

ではさっそくあなたに聞いてみたいと思います。

仕事において、あなたはいったい何者ですか？

サラリーマン、アルバイト、派遣社員などではなく、さらに詳しい肩書きでいうなら何ですか？

営業、企画、店長、デザイナー……よりもさらにもっと詳しく、アイデンティティを表すような肩書きを考えてみましょう。

例えば、「スマイルNo．1営業課長」「海外通の企画屋」「地元で人気者の店長」「キレッキレデザイナー」など、ちょっとこのまま肩書きにするにはどうかなというネーミングですが、あくまで自分の個性や強みや役割を、わかりやすく表した場合は？ということです。

このように、**自分の肩書きを詳しく考えることは、あなたの役割やセルフイメージを明確にします**。

特に初対面の人が集まるような場では、自分を表すわかりやすい肩書きを持っておくと、すぐに人に覚えてもらえるでしょう。

仕事において人の印象に残るというのは、その後の人脈の広がりに大きく関わってきます。ですから、お勤めの方、自営の方問わず大切なスキルです。

ＡＩがさらに普及してくるこれからの時代、「作業」はロボットが担っていくと思いますが、人間にしかできないことがあります。それは人と人とのコミュニケーションだったり、情熱や思いを持つことだったり、人の感情に訴えかけること。

企業や組織において、**いかに自分の個性や強みを表現できるか、そしてそれを人にわかってもらえるかというのはとても大事**なことです。

これからの時代は、サービスやモノに顧客がつくのではありません。「人」についていく時代です。だからこそ、**組織に属していても「セルフプロデュース」が必要**なのです。

そしてこの**個性や強みを活かして仕事ができる人のところに、オファーが集中**していくでしょう。なぜなら作業はロボットができるのですから。

これは会社やブランド、お店単位でも同じことが言えます。

商品やサービスはよほど悪くない限り、どの会社やブランド、お店の商品なのかが、顧客の興味の対象と言えます。

例えばＰＣを買う場合でも、熱烈なＡｐｐｌｅファンは、Ａｐｐｌｅというブランドを信頼し愛しているので、「Ａｐｐｌｅから出ている新作だから間違いない」と、商品の魅力以上にブランドで選んでいますよね。

同じく、黒い革のバッグを買う場合でも、シャネルファンは、シャネルで買います。決してエルメスでは買わないでしょう。

発信者においてもそうです。同じことを言っている人はたくさんいますが、「この人の言葉だから聞き入れられる」と**受け入れてもらえるのは、発信者への信頼度（＝ブランド力）によるもの**だと思います。

扱う商品やサービス、スキルや言葉を磨くのもさることながら、自分自身や個性を磨き、それをきちんと表現することがあなたの価値を高める要素になるのです。

WORK

Q あなたの個性や強みを表す、オリジナルな肩書きは何ですか？

例）陰で会社を支えている事務職員／友達みたいに話せるショップ店員

Q 自分の価値を高めるために、今あなたがすることは何ですか？

例）細かな仕事も手を抜かずに仕事をする／
笑顔に磨きをかけて、リピーターのお客様を増やす

Self produced 22

自分マーケティングで武器を磨く

ある商品やブランドを世の中に広めたいと思った時に、まずすることはマーケティングです。その後に、ブランディング。

マーケティングとは、簡単に言うと販売促進をするために行う活動のことで、ターゲット選定や市場調査、流通を円滑にするためにどんな手段や広告が効果的かなどを決めていくことです。

これを**自分に置き換えて考えてみましょう。**

自分という商品（あるいはブランドと捉えてもいいです）が、どうやったら届けたい人に届いたり、その価値をわかってもらいたい人にわかってもらえるのか？

そもそも、届けたい人やわかってもらいたい人とはどんな人なのか？

その人たちにどうやったら自分の価値をわかってもらえるのか？
それによってどのくらいの効果を生みたいのか？
その効果があると自分はどうなるのか？
などを考えていくのです。

私はビジネスについて特別どこかで学んだことはありませんが、自分の先を行く人たちを観察し、このような問いを常に持って、それについて書き出していたので（これを「セルフコーチング」と言います）、早い段階から知らず知らずのうちに「自分マーケティング」をしていたようです。

これは自分でビジネスを持っている人はもちろんのこと、**会社勤めの方も同じように考えるべき**です。会社の中でも**自分のパーソナリティや得意なことを活かし、どんな場面でどんな人にわかってもらえると、自分の望む結果が手に入るのか？**といったことを考えていきましょう。

例えば、人を笑わせるのが得意で社交的な性格の場合、それを取引先の上層部の方にわかってもらうために会食の場をセッティングし、そこで気に入られるよう努力し、今後の契約を継続してもらい、長く続くいい人間関係を構築していくなどです。

望む結果とはいろいろあると思うのですが、

- 会社での評価が上がり、給料がアップする
- 顧客満足度が上がり、営業をしなくても紹介だけで受注が取れるようになってエネルギーロスがなくなる
- 社内での人間関係が良くなり、ストレスがない楽しい環境で仕事ができる

などさまざまです。

また一般の商品を売っていく場合、売るものの特徴や売主の意向によって、フィットする販売手段やPR手段は異なります。

例えば、ある化粧品は雑誌媒体に広告を打って店頭販売するよりも、サロン専売品として紹介の形式で売っていくほうが良い場合もあるでしょう。あるレストランの価値を上げるためには、有名な方を無料招待してSNSに掲載・宣伝してもらうのか、ピアノの生演

奏イベントを月1回開くほうがいいのかなど、本当にさまざまなマーケティング手段があります。

自分の価値を売っていくのにも、自分に合った手段を選ぶ必要があります。

例えば、コミュニケーションが得意な人はトークで、トークは苦手だけどビジュアルに個性や強みがある人はそれが全面に出るように見せ方を工夫する。愛嬌《あいきょう》だけには自信がありますという人は笑顔に磨きをかけるなど、多種多様の自分マーケティング手段があります。

自分のタイプをまず知って、それを活かす手段を考えましょう。

WORK

Q　あなたがアピールしたいパーソナリティや強みは何ですか？

例）コツコツ頑張る／社交的

Q　それを特に伝えたい相手はどういう人たちですか？

例）上司や同僚／お店に来てくださるお客様

self produced 23

私のセルフプロデュース歴

この章では、セルフプロデュースを仕事に活かす方法についてお伝えしてきましたが、では実際私がどうやって活かしてきたかを、実例を挙げて紹介したいと思います。

以前、私はこうしたことについて、自分が特別得意だと思ってはいませんでした。ですがさまざまな人から「どうやってセルフプロデュースを行っているの?」「やり方を教えて欲しい」という声をいただき、「もしかしてこうしたことが得意なのかも?」と認識するようになりました。そしてその得意なことで人の役に立とうという意識が芽生えたせいか、より加速してセルフプロデュース力に磨きがかかっていったのです。

自分で得意と思うことで人から需要があるものは、ビジネスのコンテンツになります。

私はこれまでの人生で、自分が好きなことばかりしてきましたが、その「好き」がすべて現在の仕事になっているのは、**自分の好きなことで人の役に立とうとしてきたから**だと思います。

例としては、私は中学生の頃から美容が大好きでした。とはいえ当時はティーン雑誌に出ているメイクやスキンケアを真似してみて、それを友達にもやってあげたり、自分が知っている知識を駆使して勝手にコンサルテーションをしてみたり……。

その8年後の22歳の時、美容サロンで起業したのですが、それは中学生の頃からしていたことが仕事になったわけです。最初は好きで友達にしてあげていたことを、その他の友達から「私にもやって欲しい」と言われた、その一言からサロンが始まった気がします。

好きだから勝手にやってあげていたことが、人から「もっとやって」「友達にもしてあげて欲しい」などと**口コミで広がっていった時、それが私の仕事に**なっていました。

そしてそれが**自分でも、好きで得意なことだと認識**するようになりました。

私の仕事人生を振り返れば、これまで本当にたくさんのことをしてきましたが、**すべてはこの「好き」「得意」を武器にビジネスを広げてきています**。

後のセミナー事業もそうです。私はもともと新しいことをリサーチしたり、興味がある分野についてとことん突き詰めて勉強したりすることが大好きです。そこで、私が知っている知識をサロンのお客様へ施術時に話していたら、「そういうことをもっと知りたい！」というお声が増え、「だったらセミナーしてみようかな」から始まりました。

オンラインショップを始めた時も同じで、「美容や健康に詳しくておしゃれなライフスタイルを送っている長谷川さんが使っているものを私も使いたい！」というたくさんのお客様のありがたいお声から、「だったら、そういったものが集まったサイトを作ろう！」と考えて始めました。

出版にしても、イベント事業にしても、すべてこういった経緯で私のビジネスコンテンツはスタートしています。

これらの積み重ねから、「私は人の意見をヒアリングし、イメージしたものを形にしていくのが得意なんだ！」というセルフイメージができあがりました。

すると、こうしたことをどうやって実現するかのＨｏｗ　ｔｏ自体がコンテンツになったので、この本が生まれたわけです。

自分の好きなことや得意なことを知るにも、「自分マーケティング」が大切です。**自分というブランドには、どんな強みやウリがあるのか？　周りからのニーズと合わせて考えてみる**と、意外なところにヒントがあったりしますよ。

WORK

Q あなたが好きなことで、人から得意と言われることは何ですか？

例）絵を描くこと／料理を作ってあげること／人と人を繋いだりその場を盛り上げること

Q もしそれを仕事に活かすなら、どんなことが考えられますか？

例）レッスン会を開いてみる／誰かのイベント等で手料理をケータリングする／ビジネス交流会を主催する

Self produced 24

強みと弱み、どちらも武器になる

自分の強みや魅力、得意なことがまったく浮かばないという方でも、自分の嫌なところはたくさん挙げられたりしますよね。

強みと弱みは区別して考えてしまいがちですが、言ってみればどちらも個性です。

そしてその**個性は、見方によっては強みにもなり、弱みにもなり得ます**。

自分では弱みと思っている部分が、人からは強みと捉えられることも多々あります。

例えば、「コミュニケーションが苦手で冷たいと思われがち」ということを弱みに感じている場合、「自分を持っていてクール」と捉えられることもあるでしょうし、苦手なことだからこそ、たまにコミュニケーションが上手くいった場合や人に親切にした場合、「あのクールな○○さんが！」とそのギャップに好印象を抱かれることもあるでしょう。

このギャップを自分のブランディングとして、あえて戦略化する方法もあります。

逆に、**自分では強みと思っている部分も人から見たらマイナスポイント**の場合もあります。

例えば、「私は人前で話すのが得意！」と思っていても、「常に出しゃばっている」と捉えられることだってあります。またそんな時、自分の知らないところで、「あの人って自分大好きだよね」なんてイヤミを言われていたりすることもあるでしょう。

自分の**強みも弱みも、自分目線だけでなく、客観的に見たらどう見えるのか？**

違う視点に立った時、どう思うのだろうか？

こうしたことを常に考える癖をつけておくと、自分の個性の活かし方がわかってきます。

個性を活かすためには、**まずは自分の中にどんな材料（＝個性）があるのかを、一度目の前に並べる作業をする**ことをオススメします。具体的には書き出しです。

私のアカデミーの「セルフブランディング」のテーマの授業では、ある一定の時間に、自分の強みと弱みを思いつくだけ書いてもらいます。

それらを見た時に、自分でどう思うかということまで書き出してもらったり、意見を出し合ってディスカッションしたりするのですが、このようなことをしているうちに客観的視点から自分を見る感覚が身についてきます。

人の相談にはたくさん乗っていてアドバイスもできるけど、自分のこととなると全然わからないし動けない……という方がよくいますが、これも自分を客観視することで面白いように解決の糸口が見えてくるものです。

強みをさらに強めたいときは、それを公言してみましょう。

周りの人に「私はこれが得意です！」や「これをすることが大好きです！」などと公言することで、そんな自分をわかってもらうことができます。

また公言するということは、ある意味自分自身へのリマインドになるので、より一層自分のセルフイメージが高まっていきます。

弱みを強みに転換したり、アイディアや戦略の材料にしたい時は、**自分となぞなぞゲー**

ムをしてみましょう。

「こっちから見るとこうだけど、あっちから見た場合はどうだろう？」「この弱みに隠されたヒントとは何だろう？」などと**ゲーム感覚で捉えることによって、あまり悩まずにすむ**ようになります。

ゲームにするのが難しい場合は、自分のことを「〜な困ったちゃん」など愛称をつけるだけで、自分と切り離して考えることができ、考えやすくなりますよ。

メンタルが強いと言われる人は、この視点の転換が得意です。

自分にとってのピンチをいかにチャンスと捉えられるかで、未来は大きく変わってくるのです。

WORK

Q あなたの強みと弱みを思いつくだけ書き出してみましょう。

例）強み→人の話をよく聞く、空気を読んで場を和ませる
　　弱み→人の意見に流されやすい、自己主張が苦手

Q その中で特にあなたが活かしたい個性は何ですか？
そしてそれをより活かすには具体的に何をしたらいいと思いますか？

例）場を和ませること→1日1回会社で笑いをとる

self produced 25

自己ブランディングで価値を高め、人からの信頼を得る

現代では「自己ブランディング」「セルフブランディング」という言葉が浸透してきましたが、これからの時代は**個人がブランディングを行って、それぞれの価値を高めていくことが重要**な時代です。それによって、自分の個性や強みを活かして、楽しみながら仕事をしたり、生きていくことができます。

そもそも**ブランディングとは、そのものの価値を確立し、高めていくために行う行為や活動**のことを指します。ブランディングが成功すると、ブランド自体に価値がついていくので、そのブランドから出るさまざまな商品が売れたり、ブランド自体にファンがついて勝手にファンが口コミをしてくれたりという、ビジネスにとっては願ってもない良いスパイラルが生まれます。

ブランディングが成功している会社として、スターバックスを例に挙げて考えてみましょう。私自身スタバが大好きで、ほぼ毎日テイクアウトか、店内でコーヒーを飲みながら仕事をしたりしています。いわゆるスタバファンなので、スタバで仕事をしている様子などをよくインスタのストーリーズなどにアップして、勝手に宣伝しています（こういう方、多いですよね？）。

スタバにいることによって気持ちが切り替わったり気持ちが上がったりするので、スタバにはコーヒー以上に、そのブランドが提供している価値があると思います。

では、なぜこういったことが起こるのでしょうか？

スターバックスはどうやって多くのファンの心を掴み、ブランドを確立していったのでしょうか？

そこには徹底したマニュアル管理と、お客様が喜ぶプラスαの先回りのサービス、心地いい空間の提供などが挙げられます（他にもたくさんありますが）。

ロゴ一つ、店内にかかっている曲一つにしても、そこには「スタバの世界観」があり、それは全国・全世界で共通しているものです。

そう、**一流のブランドには安定したイメージや信頼がある**のです。

さて、このことを自分に置き換えて考えてみましょう。

自分のブランド力を上げていくには、先ほどの話になぞらえると、ブランドコンセプト（＝自分の価値観やテーマ）を定め、その**コンセプトに沿った、発言・行動・見た目・コミュニケーションなどを徹底**する必要があります。すると、周りの人にあなたは「〇〇な人」という印象がつきます。その印象を、行動を通して繰り返し人に与え続けていくと、印象自体が安定していき、信頼となります。

例えば私は、「自分にも人にも正直でいる」「常にチャレンジをしてクリエイティブな選択をする」と決めていますが、そういう私が実際は、誰かに嘘《うそ》をつく、新しいことにチャレンジしている様子がない、おどおどしているなどだったら、どうですか？　言っていることと行動がチグハグだと人から信頼されませんね。

また、「美」「おしゃれなライフスタイル」「心の健康」などを発信している私が、ダサい、不健康そう、悲観的などだったら、どうですか？　きっと私の言葉に耳を傾けてくれる人はいなくなるでしょう。

つまり、**自分の信念に、普段の思考・行動が伴っているかどうか**なのです。その印象の積み重ねから、あなたというブランドのイメージが決まり、信頼度が決まっていきます。

これは、自己ブランディグを高めていきたい場合、**見せ方のテクニック以前にとても重要**なことです。この根っこの部分なくして小手先のブランディングをしたとしても、それは一時的な結果しか生まないのです。

WORK

Q あなたのブランドコンセプトは何ですか？

例）小さなことを大切にする、気遣いを忘れない、人から信頼される／
明るく元気で笑顔、相手のことを考える、おしゃれに手を抜かない

Q そのコンセプトに沿って生きるために、今足りないものや、できていないことは何ですか？

例）余裕がないときなど、気遣いを忘れがちになる／
接客に失敗した時や上司に叱られた時などの気持ちの切り替え

Self produced 26

自分のブランド価値を高める方法

先ほど「自分のブランドコンセプト」について決めてもらいました。

今度はそのコンセプトを元に、**「そんな自分だったらどう在るべきか？」**を考えていきましょう。

例えば私のブランドコンセプトの一つに、「コスモポリタン」があります。

コスモポリタンとは、「世界的視野と行動力を持つ人」「国際人」「定住しないで世界を放浪する人」などの意味がありますが、私は固定概念に捉われず、常に広い視野を持って、世界基準で物事を考えたいと思っています。

そんな私の、こう「在りたい自分」を挙げるとしたら、

- 物事を個人的見解で断定するような言い方や表現はしない

- 常にフラットに人と接する
- 人や物事に対して先入観を持たない
- 常にアンテナを立てて海外を旅したり、情報のリサーチを怠らない
- ファッションやメイクなどは、日本での流行に捉われない
- 世界基準の美を目指す、見た目よりも中身を充実させる
- 自分の意見をしっかり持ち、いつでもどこでもそれを端的に語れる
- 最低限、英語は必須

など、これは一部ですが、挙げればまだまだ溢れるくらい「在りたい自分」を実現するための「在るべき自分」の注意点が出てきます。

私は常にこういった書き出しをしていて、それらを一つずつ**「自分はどのくらいできているか？」「できていないとすれば、どうしたらできるようになるか？」を考えて行動し**ています。

これを繰り返すことによって、なりたい自分にもなれますし、自分のブランド力も高まっていくのです。

また自分のブランド価値を高めるためには、先ほど挙げたことを**自分が実行し続けていることを、人や社会にわかってもらう**必要があります。

自分がそうしているという認識だけでなく、人にもあなたがそうしているという認識を持ってもらわなければ、自己満足に過ぎません。

例えば、人があなたのことを噂《うわさ》していた時、「〇〇さんってこういう人だよね」ということが、あなたが「そう在ろう」と決めたあなたの特徴だった場合、それはブランディングに成功していますし、あなたのブランド価値は高まっています。

先ほどの私の例でいうと、私のことをまったく知らない人が「エレナさんって常にフラットで先入観がない」ということを**さまざまな場面でいろいろな人から聞いていたら、「本当にそういう人なんだ」と信頼度がアップ**します。

でも、ある人は「常にフラットで先入観のない人」と言い、一方である人は「めちゃくちゃジャッジする人だよ」と言っていたら、私に対する信頼やブランド価値は下がりますよね。

人間のイメージは、会った瞬間の印象でほぼ決まると言われています。けれど、その印象こそ、日々の行いの積み重ねで作られていくものです。ですから、**「人が見ていないからいいや」ではなく、常にブランドイメージ通りの自分で在ることを意識**していると、急な場面でもブランド力を失わずにいられるでしょう。

そしてその、「こう在る」と決めた自分でいられることは自己肯定に繋がり、最大の自信になりますし、それによってセルフイメージもアップしていくのです。

WORK

Q あなたのブランドコンセプトに沿った「在るべき自分」について書き出してみましょう。
例）常に心に余裕を持つ／失敗したとしても気持ちを切り替えて笑顔を忘れない

Q 人から見たあなたは、「在るべき自分」と一致していると思いますか？
ズレているとしたら、その原因はどこにあると思いますか？
例）一致している／一致していない：たまに笑顔を忘れてしまうことがある

self produced 27

説得力のある外見を手に入れる

これまでは根本的なこと、主に「中身」のことについてお伝えしてきましたが、「中身」と同じくらい「外見」は大切です。

いくら中身の要素が整っていても、それを人にわかってもらうには、**外見を整えることが一番てっとり早い手段**だからです。

あなたは「メラビアンの法則」をご存じでしょうか？

これは心理学者のメラビアンが行ったある実験を元に導き出された法則なのですが、それによると、**人の第一印象というのは「見た目が55％」**と言われています。

ここでいう見た目には、ファッション、メイク、表情、体型、姿勢、所作などあらゆる視覚的要素が含まれます。

次に、38％が話し方。イントネーションや話のスピード、間の取り方、話し方の癖や声の大きさなど、聴覚的要素が含まれます。そして残りの、なんとわずか７％が話の内容だというのです。

このことから、いくら会話の内容が素晴らしかったとしても、**外見の印象が悪かったら、話の内容にまで耳を傾けてもらえない**ということがわかります。確かにそうだと思いませんか？

例えば、あなたが誰かから優秀なコンサルタントを紹介されたとします。ですが会ってみたらだらしない見た目で、持っているものもボロボロだったらどうでしょうか？　いくら優秀な人だと聞いていても、その見た目から、話の内容を信じられないでしょう。

もしも、あなたが仕事において価値を与える立場なら、その価値をちゃんとわかってもらえる見た目なのかということが大切です。

仕事においては会社や顧客、そして社会においてもあなたの価値を上げられたならば、いい仕事が舞い込んできたり、顧客がついたり、売上が上がってお給料が増えたりしますよね。

そのためにはもちろん「どう在るか」という中身の部分が大切なのですが、それだけではなく「見た目の説得力」がないことには、思うような結果を手に入れることは難しいでしょう。

中身が整うのは基本。そしてそこに外見も整って、初めて成果を得られるのです。

ではどんな外見がいいかというのは、職種や立場、個人の価値観によってまったく異なるので一概には言えませんが、**「この人を信頼できる」と思ってもらえること**が大切。

その**信頼とは、あなたの発言と、見た目、行動が一致していること**が大前提。

信頼度を高める見た目のポイントは職種によって異なり、例えば美容業では「美しさ」が信頼度に繋がりますし、お金を稼ぐためのアドバイスをするような職業の場合「一流感」などが信頼度に繋がります。

あなたが化粧品を売っていたとしたら、肌がキレイであったり、メイクが上手であるということが信頼度アップに繋がりますね。多くのお客様があなたのアドバイスを聞き入れてくれるでしょうし、あなたが勧める商品が売れるはずです。

ただし、「美しさ」や「一流感」なども個人の見解によって理想とするイメージが異なるので、**自分が目指すターゲットにとって、どんなイメージがいいのかを予測**してみましょう。

外見の重要性についてわかっていただけたのではないかと思いますが、勘違いしないで欲しいのは、ベースとして**中身がしっかり整っていなければ、表面的なことを整えても、すぐにブランドが崩れてしまう**ということです。

WORK

Q あなたのブランドコンセプトには、どんな外見のイメージがふさわしいですか？

例）落ち着いていて、指先や髪の毛など隅々まで清潔感のあるイメージ／おしゃれで洗練されているけど親しみやすいイメージ

Q そのイメージを実現するために、具体的にできることは何ですか？

例）話す時に間を意識する／常にネイルをキレイにしておく／積極的に人に声をかける

第5章

見せ方の上級者になる
〜How to セルフプロデュース〜

self produced 28

アイメイクはセルフプロデュースの重要ポイント

ここから始まる第5章では、より具体的な「見せ方」についてお伝えしていきたいと思います。外見の重要さについては前章でお伝えしましたが、その外見の要素として一番変えやすく、印象を判断されやすいのが「顔（正しくは顔まわり）」です。

中でも**「目」はその人を印象づける**ものです。

「目は口ほどにものをいう」ということわざがあるくらい、目はあなたを物語ります。

絵画にも風景画や人物画などたくさんのジャンルがありますが、何者かがこちらを見つめている絵はドキッとしませんか？　また動物なども目がウルウルしているとそれだけで心が奪われてしまうことはないでしょうか？

こんなことをいうと、「私は一重だし」「目が小さいし」などという声が上がりそうですが、大切なのは大きさではありません。**視線の強さや印象**なのです。

自分の意思を持っている人や何かを決めた人の視線は強くまっすぐですし、ワクワクしている人や幸せそうな人の瞳はキラキラして見えませんか？

逆に、疲弊していたりネガティブになっていたりする時は、瞳が曇って見えます（死んだ魚の目などにたとえられますね）。

ここでも大切なのは、内面の状態。それが外に表れているのです。とはいえ、そんなに毎日キラキラしていられる人なんて、いないですよね。

ですから**メイクをして、最初は形から入って、そこにマインドを沿わせていく**のです。

私自身、20代はほぼビューティーサロン経営をしていましたし、メイクの資格も持っているのですが、自分のメイクは面倒であまり好きではありません。毎日ばっちりメイクなんて到底無理なのですが、その中でもポイントを押さえるようにしているのは、やはりアイメイクです。

ここ数年、ファンデーションはいっさい塗っていないので、メイクをするのは主に目元と眉毛。トータルで10分もかけていませんが、それでも**アイメイクをしっかりする**と、なぜかきちんとして見えます。人と対話する時や仕事で人前に出る時など、アイメイクをしっかりしていると、話に力強さや説得力が出るようです。

また、イベントやセミナーなど大勢の前に出る仕事の時は、縁ありのカラーコンタクトレンズをします。**カラコン効果は絶大**です！　カラコンは若い女子だけのものではありません。大人の女性もつけることによって、エレガントさや品を増したりできますよ。

最低限アイメイクを、とお伝えしましたが、アイメイクの次に顔の雰囲気を変えるのは「眉毛」です。**眉毛でその人のセンスがわかります**。眉毛は流行《はや》りすたりがあるので、似合っていた昔の眉型をずっとやり続けるのはとても危険です。眉毛だけはある程度流行を取り入れないと、ひと昔前の時代遅れの顔になりがちなのです。

特に、美容やファッション、インテリアなど、美やセンスを売る仕事の方で眉毛が昔っぽいと、一気にイメージがマイナスに……。

では他のメイクは？となりますが、残るはベースメイク、チーク、リップなどです。

人によっては、アイメイクよりもベースメイクに重きを置いている方もいるので何ともいえませんが、「セルフプロデュース」の観点からいうと、やはり相手に印象づけやすいアイメイクが重要かなと思います。ただし、美肌サロンなどをされている方は「肌」が勝負なので、人によっても異なります。私の考え方は、ベースはメイクで整えるというよりも、**基本的な生活習慣で内側から整え、素肌力を上げる**という発想です。

チークやリップはナチュラルに乗せるくらいでちょうどいいと思うのですが、そこもこだわりは人によって違うので、ここでは割愛させていただきます。

WORK

Q メイクをする時に一番大事にしているポイントは何ですか？

例）肌のキメを整えるためにベースメイクをきちんとする／マスカラでまつげの長さとボリュームをしっかり出す

Q より人の印象に残るために、メイクの何を改善しますか？

例）もう少しアイメイクをしてもいいかも／似合う眉毛を研究し、眉マスカラをつける

Self produced 29

ヘアスタイルは顔の額縁

人に印象づけるためにメイクの中では一にアイメイク、二に眉毛ですが、その二つと同じくらい大事なのが「髪型」です。髪は顔の額縁です。

想像してみてください。とっても素敵な絵画なのに、安っぽい額に入れられていたら、肝心の絵自体も安っぽく見えてしまいませんか？ 逆に普通の絵でも、高級感のある額に入れて飾ると、何だか価値のある作品に見えます。それと同じで、**髪型はあなたの印象を大きく左右する**ものなのです。

あなたはヘアについてどんなポリシーをお持ちですか？ ポリシーなどないという方は、これを機にぜひ考えてみましょう。

ちなみに**私のヘアに対するポリシー**は「きちんと手入れをされていて品がある」「女性らしい」「顔が面長なのでできるだけサイドにボリュームを作る」などです。

では、一般的にどんな髪型がいいかというと、ボサボサでないなど最低限整えられていることが大前提ですが、さらに好印象になる要素は、**艶がある、清潔感がある、きちんと手入れをされている**、などかと思います。これらをひとつずつ見ていきましょう。

まず艶やハリがある髪は健康的な印象を与えます。美や健康を謳《うた》っている方には、ぜひ目指していただきたい要素です。

次に、清潔感があり、きちんと手入れをされている印象というのはどうでしょうか。当たり前ですが、臭くない、脂ぎってないなどが挙げられますね。手入れをされているというのは、例えば、毛先のパサつきや枝毛がない、きちんとカラーがされている、きちんとセットがされているなどです。

ここでひとつ注意すべきことがあります。カラーリングをするのはいいのですが、明るいカラーにしすぎると、伸びてきた根元や毛先の退色が目立ってしまいます。

マメにケアできる方はいいのですが、根元が伸びて毛先が退色してもそのままにしていると、手入れができていない印象になってしまいます。すると何となく品がない感じになり、人付き合いや仕事の場面でマイナスな印象になってしまって、もったいないと思います。

ヘアもネイルもそうですが、**きちんと手入れをし続ける自信がない人は、むやみに派手なものにしないほうがいい**と思います。

次に、ヘアカラーについてです。

パーソナルカラー診断などによると、肌や瞳の色によって似合う色が違うと言われていますが、**見せ方さえマスターすればどんなカラーでも似合わせることができます**。例えば、ヘアカラーを変えても、メイクやファッションを変えない場合は、確かにパーソナルカラー診断で勧められる色が合うかもしれません。

ですが今の時代は多くの選択肢があるので、ヘアカラーをしたい色にしたら、そのカラーに合うファッションやメイクに変えて、トータルでコーディネートをすればまったく問題ないのです。瞳や肌の色ですら、選べる時代なのですから。

カラー診断よりも、おしゃれな友達や店員さんに、ヘアメイクからファッションまでトータルなアドバイスをもらったほうが効果的かと思います。

ヘアスタイルは、ある程度は輪郭によって似合う形が異なりますが、それは美容院で聞けばどこでも教えてくれるので、あくまで目安として聞いておき、それよりも**「どんな印象に見せたいか？」でスタイルを選ぶ**といいと思います。例えば女性らしく優しい雰囲気に見せたければセミロングのワンカール内巻き、クールで知的に見せたければ前下がりボブ、セクシーでゴージャスに見せたければロングの巻き髪など。

自分が見せたいイメージや理想とする人の写真などをスクラップしておき、それを持って美容院に行くのが確実でいいと思いますよ。

WORK

Q あなたのヘアのポリシーは何ですか？

例）清潔感のある健康的な髪でいること／
いつも明るい色にカラーリングして気持ちも明るくすること

Q あなたが見せたいイメージに合うヘアスタイルは何だと思いますか？

例）活動的なイメージを持たれたいので、まとめ髪かショートヘア／
女子っぽさを意識したいので、セミロングのゆる巻きヘア

Self produced 30

洋服は3つのファッションキーワードを掛け算して決める

ファッションは、あなたの価値観や個性を表すことができます。

顔やスタイルはもともとの顔立ちや体型の影響が大きいため、大きく変えるのはなかなか難しいのですが、**ファッションは自由かつダイナミックに自分を表現できる手段**です。

容姿に自信がない方でも、ファッションを頑張ればいくらでも良い印象を持ってもらえますし、一瞬で印象をガラッと変えてみせることもできます。

では、どんなファッションを選べばいいのでしょう?

もちろんここでも「どう見せたいか?」がとても大切です。なりたい印象を書き出すと、**その印象を作るにはどんな服を選べばいいのか**が見えてきます。

ファッションコーディネーターでもない私が改めて似合う服の分類など書いてもあまり

意味がないので、ここではあえて違う視点でお伝えします。

あなたが**見せたいイメージのファッションキーワードを3つ書き出して、掛け算**してみてください。

例えば私が意識しているファッションキーワードは、「上品×海外っぽいおしゃれさ×スタイルアップして見える」です。

「キレイ＝ワンピース」という単純な発想ではなく、3つの要素を兼ね備えたファッションとなると、ちょっと頭を使いますね。

先ほどの私の例でいうと、私がよく選ぶ服はデコルテが出るマキシ丈のワンピースや、マキシ丈のスカートです。なぜかというと、私は身長が150センチと小柄なので、なるべく小さく子供っぽい印象にならないように、Iラインでスラッと見せたいからです。

中途半端な丈のスカートだと背がより低く見えますし、ミニスカートだと場合によってはあまり品が良く見えません。パンツは太めのテロっとした素材のものはヒールと合わせてよく履きますが、ジーンズなどピタッとしたものは、太ももとヒップをもっと絞って理想の体型になるまでは、あまり履きたくありません（笑）。

また、なぜデコルテが出るものを選ぶのかというと、唯一自分の好きなパーツがデコルテから二の腕にかけての部分だからです。自信のある部分は出して、ない部分は隠すという単純な発想ですが、これを徹底していくと、周りの方にスタイルがいいと思ってもらえるから不思議。

私は**見せ方で人生8割得している**タイプだと思います。ファッションについても、自分の体型の特徴や見せたい印象の価値観などをよく知っているので、徹底してスタイルアップして見えるものや、見せたい印象に沿った服を選ぶことができているのです。

要は自分を知っているということですね。これはどんな分野でも強みになります。

また、ショッピングの時に服を選ぶ基準を、**服自体が素敵だから買うのではなく、自分を素敵に引き立ててくれるから買う**という基準にチェンジしましょう。

クローゼットにかけておくだけでテンションが上がる服なら別ですが、いくら可愛いと思った服でも、自分に似合わなければ意味がありません。

とは言っても、お店では似合うと思って買ったのに、いざ家に帰った時や出かける時に着てみたら、イマイチだったという経験もあるでしょう。

そんな時はその**服に執着せず、思い切って手放す**ことが賢明です。

せっかく買ってもったいないから……で着ている服ほど、野暮ったくなるものはありません。

どうせなら、ワードローブのすべてが確実に自分を引き立ててくれる服のほうがいいと思いませんか？　そのためには、**洋服はたくさんある必要はなく、少しでいい**のです。

服を買うことは、人生におけるチャレンジと同じ。直感でいいと思ったものは試してみて、そこでダメなら潔く思考を切り替えて次のものを試したほうが、より早く本当に自分に合うものに出会えます。

WORK

Q あなたの見せたいイメージのファッションキーワードを、3つ書き出してみましょう。

例）①上品　②海外っぽいおしゃれさ　③スタイルアップして見える／
①清潔感　②きちんと感　③大人っぽさ／①おしゃれさ　②こなれ感　③セクシーさ

Q その3つのキーワードを兼ね備えたファッションは、
例えば具体的にどんなスタイリングになりますか？

例）デコルテが出るマキシ丈のワンピースやマキシ丈のスカート

Self produced 31

ボディメイクでセルフイメージを高く保つ

ファッションもさることながら、そのファッションの下に隠れている**ボディこそ、あなたの印象を決定**づけます。正確にいうと、人からの印象ももちろんですが、自分が自分に持つ印象＝**セルフイメージを決定づける**のです。

どういうことかというと、太っているか痩せているかで、自分に抱くイメージは変わってくると思いませんか？

次の二つを比べてみてください。

「私は太っているから……」「私は無駄なお肉がない理想のボディ！」

前者は自分に対して自信が持てず、セルフイメージの低さから多くの選択を諦めてしまいそうです（どうせ私にはこの服は着れない……など）。対して後者はどうでしょう。痩せていることがいいとはまったく思いませんが、**無駄なお肉がついていないというのはある意味自信が湧くこと**だと思います。すると、セルフイメージは高くなり、「こんな服にもチャレンジしてみようかな」「夏は新しい水着を着てバカンスに行こうかな」など、やりたいことの幅が広がりそうです。

この心理をよく表しているなと思うのは、ライザップのCMです。

最初は太っていて自分に自信がなかった人が（おまけに表情も暗く猫背気味）、スリムになってなりたい自分になった時、別人のようにキラキラした表情で堂々と振る舞い、ポージングまでしているではありませんか！　これはCMの話ですが、こうしたことは、日常に溢れています。

そして、あのCMを見ると「よっしゃ、私もなりたいBODYを手に入れてみせるぞ！」と刺激されてしまうのは私だけでしょうか（消費者心理をついた、よくできたCMですよね）。

要するに、**セルフイメージをコントロールしやすいのが、体型**なのです。

現代では日本でもワークアウト人口が増え、世の中の意識が上がってきて嬉しい限りですが、セルフプロデュースの達人は、いち早くボディメイクも意識しています。モデルやタレントさんは見た目のイメージが仕事に直結することもあり、日常的にワークアウトをしている方がとても多いですよね。

これは経営者や意識が高いサラリーマンなどにも言えます。なりたい自分になるために、まずは理想の体型を目指してワークアウトをしていき、望み通りの体型を手に入れると自信がつきます。その結果、仕事や人間関係においても堂々と自信を持って取り組むことができ、人生のパフォーマンスが高くなるのです。

第3章でもお伝えしたとおり、欧米では太っているだけで「セルフマネジメントができていない」という印象を持たれて、仕事の場面でも不利になったりします。

痩せている必要はありませんし、世間の物差しに合わせなくてもいいのですが、とにかく「在りたい自分」「見せたい自分」でいられることで、**セルフイメージを常に高く保てることが、ボディメイクをする最大のメリット**だと思います。

ただし、理想のボディになることや、それをキープすることはとても大変なことです。

　ここでもセルフプロデュース力とセルフマネジメント力が問われるのですが、ボディメイクも方法としてはセルフプロデュースと同じで、**まず最初に行うべきことは「コンセプトを決める」**。そして、その**コンセプトに沿った選択をひたすら繰り返していく**のです。

　例えばコンセプトを「ミランダ・カー」と決めたなら、ミランダ・カーがしているワークアウトやライフスタイルを真似して、それをひたすら繰り返していきましょう。するど、ミランダ・カーにはなれませんが、確実に今の自分よりもスタイルアップしますし、結果的にセルフイメージも上がっていくはずです。

WORK

Q　どんなボディが理想ですか？

例）柔らかそうな上半身と引き締まった細い脚／
　　デコルテや背中のラインがキレイで健康美を感じる体

Q　理想のボディと現実のあなたはどこが違いますか？　そのギャップを埋めるために、あなたは何をしますか？

例）特にお腹まわりが気になるので、腹筋を始める／
　　まずは姿勢を良くして、すらっと見えるようにする

Self produced 32

話し方で印象は大きく変わる

メラビアンの法則については前章でお伝えしましたが、その中で**第一印象を左右する38%が「聴覚的要素」**でした。つまり、話し方です（55%は「視覚的要素＝見た目」でしたね）。

話し方の中には、声の大きさ・声のトーン・声のスピード・イントネーション（なまりなども）・話し方の癖・話の間などが含まれます。

あなたは自分の声を意識して聞いてみたことがありますか？

もしない場合、スマホを使えば簡単に録音できるので、試しに自己紹介を録音してみましょう。すると自分の話し方の印象がよくわかります。

初めて自分の声を録音して聞いたときは恥ずかしくて倒れそうになりましたが（動画の時は失神です）、それほど自分の声には、意外と馴染みがないものです。

これまであなたの見せたい印象や、在りたい自分について掘り下げてきましたが、ここでは「話し方」という観点で自分の理想のイメージを考えてみましょう。

声自体は変えられませんが、**話し方や発声の仕方でだいぶ印象が変わります**。

「喉で話すのではなく、お腹から声を出すと声が通るし疲れない」とよく言われますが、話す仕事をするわけでなければ、そこまで意識しなくてもいいと思います。

それよりも**大事なのは、しっかり口を開いて話すこと**です。ただそうしていると、結果的にお腹から声を出しやすくなります。

口をきちんと開いて話すメリットは、滑舌が良くなるので相手が言葉を聞き取りやすくなり、**聞き返しが少なくなる**こと。反対に口をきちんと開かず、もごもごと口の中に声を残してしまう話し方だと、相手が聞き取りにくいばかりでなく、自信がないような印象を与えてしまいます。

また、きちんと口を開いて話をすることで**表情筋が鍛えられ、表情が豊かに**なりますし、いつまでも若々しい顔でいられます。こちらも反対に口をきちんと開かずに話をしていると、表情筋が衰えて口角が下がり、老けた印象になってしまいます。

ですので普段から、「あ・い・う・え・お」など鏡の前でしっかり口を開いて発声練習をするといいでしょう。**オススメなのは顔ヨガ**です。表情筋が鍛えられ、ストレッチされたりして、しっかり発音の口の形が作れるようになりますよ。


また、話すスピードについては、基本的に**少しゆっくりめを心がけたほうが安定した印象を与える**ことができます。早口は、余裕がなくせっかちな印象を与えてしまうからです。とはいえ、ゆっくりすぎると間の抜けた印象を与えてしまうので、自分の声を客観的に聞きながら、ちょうどいいスピードに調整してみてください。

話し方のプロであるアナウンサーや語り手さんの声を何度も聞くのもいいと思います。お手本にしたい話し方の人を見つけて、その人はどんな話し方をしているのかを研究し、真似してみましょう。


最後は、**「話し方の癖」**。**これが意外に厄介**なのです。

よくあるのは、「語尾が伸びてしまう」「間がない」「同じ言葉を繰り返し使っている」

などです。これらは話している本人は気づいていませんが、周りからすると結構気になったりするものです。

「……がー」「……でー」「だからー」などといった**語尾が伸びる話し方**は、相手に幼稚な印象を与えてしまいます。**間がない話し方**は、急《せ》かされているような気にさせたり、余裕がない人という印象を与えます。**同じ言葉を繰り返し使う**というのは「えっと」「あのー」「だって」など。これらの言葉がやたら耳につくと、あまり知的に聞こえません。

見た目だけではなく、「話し方」にも意識をおいてみると、プラスαのセルフプロデュースに役立つと思います。

WORK

Q 普段のあなたを振り返った時、話し方の印象や話し方の癖は何ですか？
可能であれば簡単な自己紹介をスマホで録音して聞いてみましょう。

例）早口で間がない／明るくて声は大きめで高め／語尾が伸び気味

Q お手本にしたい話し方とあなたの話し方の違いはどこにありますか？

例）迷いながら話している感じ／自信がなさそう

self produced 33

SNSでセルフプロデュース力を磨く

自分のイメージを確立したり、自分の価値観や思い、好きなことや得意なことを人に知ってもらって繋がりたい人と繋がり、人生をさらに楽しくしたり、仕事に役立てるツールとして、**SNSほど便利なものはない**でしょう。

近年、誰もが何かしらのSNSアカウントを持っていますよね。そこで自分のことを日々発信している人も少なくありません。きっとこの本を手に取られた方には、SNSをされている方も多いと思います。

SNSにはさまざまな種類がありますが、有名なものとしてインスタグラムやフェイスブック、ツイッターなどが挙げられます。それぞれに良さや利用者層が違うので、自分が**フィットするもの、やっていてやりやすいもの、面白いと思うものが長続きする**でしょう。

写真を撮ったり加工したりするのが好きな方はインスタ、文章が得意な人はフェイスブックやツイッターなど。もちろんそれ以外にも特徴や良さがありますし、人によってその感じ方はさまざまですが、何らかのSNSで自分自身のことを発信すると**セルフイメージをより強いものにできます**し、そのイメージを他の人にも伝えて**あなたをわかってもらうこともできます**。

それでは、どうやってSNSをセルフプロデュースに役立てていくといいのでしょうか？

まずは、写真や文章をSNSに投稿＝アウトプットすることにより、**自分の興味や好み、価値観を再認識**できます（このことを私は「自分自身へのリマインド」と呼んでいます）。これはこの本にも掲載している「WORK」と同じような効果がありますが、それ以上に**人目があることによって、いい緊張感やプレッシャーが生まれる**のです。それが自分を成長させてくれます。

例えば、投稿の内容によって、それを見た人はあなたがどういう人であるかを認識します。ですからある程度、きちんと自分のことを発信しようと意識しますし、そういう意識で投稿した写真や言葉は、一部「こう在りたい自分」も含むと思うので、それに近づこうという心理が働いてきます。

私はこのことを利用して、自分がキレイに写って見える写真や、おしゃれな世界観が表現できた写真は、**アルバムに写真を加えるような感覚でインスタに投稿**しています。

すると、自分で自分のフィードを見るたびに、「日々このような自分であろう」とか「あ、こういう世界観が私は好きなんだ」などと再確認できます。

それによって意識やモチベーションを上げたりもしています。

もしも自分のフィードにセンスを感じない場合やイメージが定まっていない場合は、あなたがおしゃれだなと思ったり、ワクワクする、インスピレーションを得られるといったイメージの**写真や人の投稿をストックして、スマホの中にアルバムを作ってみる**といいでしょう。それを日々眺めては、意識やモチベーションを上げていくのです。

また、**SNS上にあなたの世界観を表すページを持つ**ことで、そこに小さなあなたの世界ができます。あなたが創り上げたその世界に誰かが訪れて、共感してくれたり、インスピレーションを受けてくれたり、その人の役に立ったりしたら最高だと思いませんか？

実際、そういった方からメッセージがきて親しくなることもあります。

そういった方は同じような趣味趣向だったり、同じ価値観や志《こころざし》を持っていたり、同じような境遇や職種だったりと何かしらの共通点があり、そこから**さまざまな人とのご縁に発展**していったりもします。

実際、私がビジネスを拡大できたのは、SNSを上手く利用し、楽しみながら人生や仕事に役立てているからだと思います。

WORK

Q あなたがＳＮＳで意識していることは何ですか？

例）自分がワクワクすることを伝える／写真をキレイに撮る／ネガティブな発信はしない

Q あなたはSNSを、セルフプロデュースにどのように役立てたいですか？

例）同じ価値観の人と繋がったり情報をシェアし合いたい／
写真に関する仕事のオファーをもらう／自分はポジティブな人だと印象づけたい

第6章

「人間関係」は、セルフプロデュース力を高める鍵

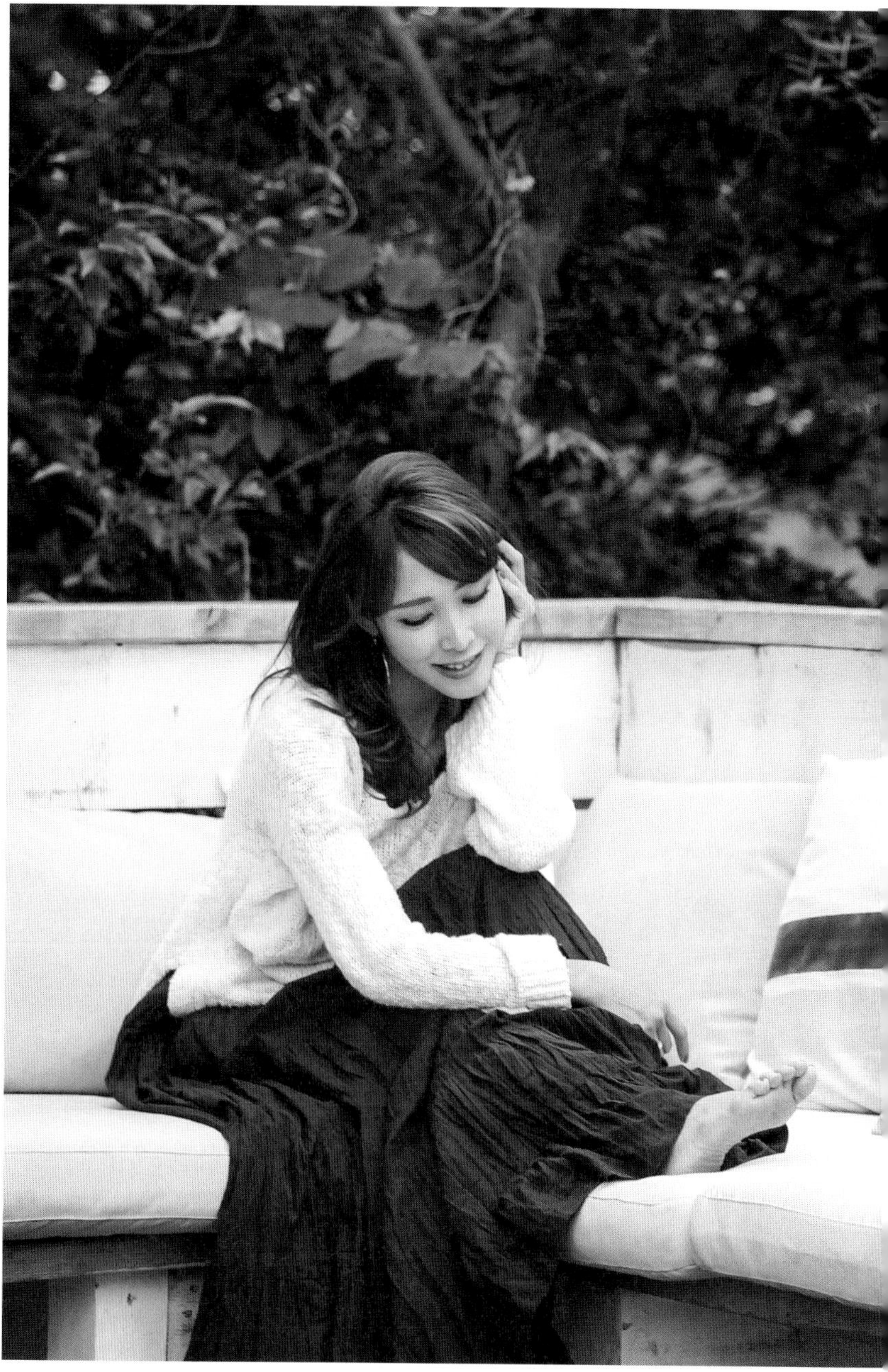

Self produced 34

人を変えようと思わなければ、ストレスは溜まらない

セルフプロデュースと人間関係。一見別のことのように思えるかもしれませんが、セルフプロデュースを円滑に進めるためには重要なことです。

なぜならば、**ストレスの多くは人間関係によるもの**であり、ストレスが軽減したら、その分自分がやりたいことや集中したいことに力を注げるから。

誰かと自分を比べて落ち込む、人に言われた言葉が気になる、人によく思われたい、人目が気になる、仕事で結果を得られず信用を失う、期待に応えたいｅｔｃ．人間関係にまつわるストレスは、挙げたらきりがありません。

現代社会に生きる者にとって、誰ともコミュニケーションを取らずに過ごすことは不可能です。

パフォーマンス高く豊かに生きたいと願う場合、人間関係におけるストレスの軽減は必須です。「仕事を頑張ろう」「穏やかな自分であろう」「豊かな人生にしよう！」と頑張っても、人間関係のストレスに足を引っ張られてしまっていては、人生において、なかなか願う結果が得られません。逆にいうと、人間関係でストレスがないと、もっと楽しく豊かで貢献的に生きていくことができ、人生の視野がぐっと広がります。

実際私自身、ある時期から人間関係のストレスがほぼありません。

そうなると余計なことにエネルギーを消耗しないので、常に自由でクリエイティブな状態でいられます。セルフプロデュースも、とても効率的に行えます。

では、人間関係の何がストレスになるのでしょうか？

人間には潜在的に**「人にわかってもらいたい」「認められたい」という承認欲求**があり、それが満たされない時に、失望感や劣等感、不安感などを持ち、ストレスになります。また、相手に「こうなってほしい」という期待を抱き、それが実現されない時に落ち込んだりイライラしたりします。

期待を持つから、そうでない時に落ち込むのですよね。

でも最初から期待をしなければ、落ち込むこともありません。

といっても自然に期待をしてしまうのが人間なので、そうなっていることに**気づいた時に、期待を手放すよう意識する**のです。

例えば、「もっとこうなってくれたらいいのに」と思ったことに気づいたら「あ、今、期待していたな、一度感情をリセットしてフラットになろう」といったように。


人に期待をしないということは、**言い換えると「人を変えようと思わない」ということ**です。

どんなに望んでも人を変えることはできません。

その人が自分で気づいて変わろうと思わない限り、本当の意味では変わらないのです。

ですから、無理に変えようとして「もっとこうしたら?」と提案したところで、相手は余計に腹を立ててしまったりもします。


ではそんな時どうしたらいいかというと、**自分自身が変わればいい**のです。

先ほど述べたように、自分の期待を手放して、相手の見方を変えると、今まで嫌だと思っていたこともあまり気にならなくなったりします。**いつも言っていたことを言わないようにしたり、言い方を変えてみたり、言う時の態度や表情を変えてみたりする**と意外と相手の反応も変わってきます。

また、「もっとこうして欲しい」というのを、押し付けではなく、あくまで**自分の願望のシェアとして伝える**と、相手はあまり嫌な気がしないものです。

「こうなってくれたら私はすごく嬉しいけど、あくまで私の願望であって、選択はあなた次第」というようなニュアンスで伝えてみましょう。きっと、それまでとは違う反応が相手からも返ってくると思います。

WORK

Q あなたが期待してしまっている相手は誰ですか？　またそれはどんな期待でしょうか？

例）彼→私を支えて欲しい／部下→営業成績を上げて欲しい

Q その期待を手放すとしたら、どんなふうに手放しますか？

例）彼ありきではなくもっと主体的に考える／
人に期待する前にその期待していることを自分で達成する

self produced 35

先入観をなくすと世界が広がる

私のアカデミーでは、自分のコミュニケーションパターンを知るためのワークをする場面がありますが、そこで多く挙がるのは、「先入観を持って人と接している」ということです。

これについては多くの方が、**自分は先入観を持っているということに気づいていない**ということが怖いポイントです。実際、以前の私もそうでした。

私は今から15年くらい前に「コーチング」に出会ったのですが、その時自分のコミュニケーションパターンを振り返ってみて、人に対して多くの先入観を持っていることに気づきました。

例えば誰かと初めてお会いする時には、「あ、この人苦手かも」「きっとこの人はこんな人だろう」「つまりきっとこういうことを言うんでしょ」など、さまざまな先入観を持ってしまっていました。

先入観を持つデメリットは、勝手に解釈して相手にフィルターをかけて見てしまうこと。そのせいで、**相手の本当の姿が見えなくなってしまい、良さが引き出せなくなってしまう**のです。そして、もしかしたら引き出せたはずの相手の良い部分から、思わぬご縁やチャンスが広がっていく可能性をなくしてしまいます。

例えば私の経験談として、スタッフ指導の際、「きっとできない」「言っても無駄」「この子はこういう子だから」と先入観を持って相手と接してしまった時は、彼女の才能や意見を潰してしまい、面白いように私が先入観でイメージした通りのスタッフになってしまいました。今思えば、あの時、先入観を持たずに、「きっとできる」「言ったらわかる子だ」「この子の才能は未知」と**信じていたら、きっと素晴らしいスタッフになってくれていた**のにと、そのスタッフに対して申し訳なく、自分に対してももったいない気持ちになります。

これは子育ての場面でもよくあることですが、「あなたは〇〇な子」とある時期ずっと言い続けていると、良くも悪くも子供自身のセルフイメージが「自分は〇〇な子」というふうに定着してしまいます。

一方、子供に対して**先入観を持たないと、その子が本来持っている個性や才能が、自由に止めどなく溢れてきます**。

母親が自分の先入観に気づいてそれを手放していくと、子供に対する態度や言葉が変わります。子供がやってみたいと言ったことに対して「やってみたらいいんじゃない？」と背中を押してあげることができると、子供は肯定されたことが嬉しくて夢中でそれを頑張るでしょう。

その頑張りが、もしかしたら将来の大きな夢や子供自身のミッションに気づくきっかけになるかもしれません。

そして何より、先入観を持たないということは相手に自由を与えるので、**お互いに認め合い、信頼し合えるとてもいい関係を築くことができる**のです。

　また、人に対して先入観を持たないということは、**自分自身にも先入観を持たない**ということに繋がります。人との関係性は自分との関係性の鏡なのです。

　人に対してできることは自分にもできるし、自分自身に対してできることは人にもできるのです。逆にいうと、人に対してできないことは自分にもできませんし、自分自身に対してできないことは人にもできません。**人のいいところを見つけられる人は、自分のいいところも見つけるのが上手**なはずで、きちんと自己肯定ができている人だと思います。

　自分に対しても「私はきっとこうだろう」という見方を疑ってみましょう。

WORK

Q あなたが第一印象で「苦手だな」と思う人は、どんな人ですか？

例）キラキラしている人／自分の話ばかりする人

Q その人の第一印象（＝先入観）を忘れて、よい面を見た時、
その人はどんな人だと思いますか？

例）前向きな人／意識が高くて勉強熱心／話題が豊富／親しみやすい

self produced 36

「ちょうどいい距離感」で人と接する

人間関係におけるストレスの大半は、期待が叶えられない時のものとお伝えしましたが、そもそも誰かに対してフラストレーションを抱えること自体ストレスになりますよね。

そうならないためのいい方法は、**人との距離をほどよく取る**ということです。

人と仲良くなればなるほど、知らず知らずのうちにその人をかなり近い距離においてしまい、気づかないうちに期待したり期待されたりして、その歪《ゆが》みから人間関係がおかしくなっていったりします。互いに依存する関係が生まれ、依存されることによって自分の価値を見出すようになってしまうと、依存も加速してしまいます。

私は人間関係のストレスがほぼないと前述しましたが、なぜそうなったかというと、**常に人との距離感を客観視し、お互いに依存にならないちょうどいい距離を保つ**ことができるようになったからです。

それはどの人にも同じように一定の距離を保つというわけではなく、**人によってちょうどいい距離感が違う**のです。

例えば、相手が精神的にも経済的にも自立していて安定している人の場合、依存傾向はほぼなく、自分も同じような状態にある時は、近い距離になっても問題が生じることはありません。

ですが、相手が不安定だったり、性格的に依存傾向があるなと感じた場合、程よい距離感を保つほうがお互いハッピーに過ごせたりもします。

逆に、**自分が悩んでいたりして弱い状態の時は、なるべく一人でいる**ようにしています。下手に人に相談して意見を求めてしまうと、流されやすい状態になっている時には、その人の意見に左右されたり、知らず知らずのうちにその人に依存してしまいそうになるからです。

よくある話ですが、悩んでいる友達がいて、よかれと思い親切に相談に乗っているうちに、毎晩電話がかかってくるようになって、夜も寝られないようになってしまった……や、仕事の相談をしてきた後輩にいろいろと教えているうちに、すっかり自分任せにされてしまった……など、あなたの周り（または自分自身の経験）にも似たようなケースはありませんか？

これは相手の依存が高まった時に起こる事態ですが、こればかりは相手が悪いわけでもなかったりします。

なぜならば、**依存させているのは依存されている人自身**だからです。

私は、もし自分がそんな状態になっていたら、自分自身に喝を入れます。

「自分でそうさせてるんだよね？　気づかない？」と。

依存されて被害者だと思っていたのが、実は相手の依存心を引き出して増幅させた加害者になっていることだってあるのです。

時に何もせず、あえて距離をおいて見守ることも優しさであり、相手のためだったりします。

親しい友達の間だけでなく、仕事でお付き合いのある方や初めてお会いする方についても同じく、普段からなるべく人をきちんと見て、「この人とはどのくらいの距離感で接することがお互いにとってベストかな？」と考えてみましょう。

ただし、**一度ちょうどいいと思った距離感も、状況やタイミングによって一変することもある**ので、常にその人といる時の感覚を大切にしてみてください。

このように人間関係における自分の価値観や現状を客観的に振り返ることは、セルフプロデュースをしていくうえで、自分の感覚を磨くトレーニングになるのです。

WORK

Q 身近な人間関係で負担に感じる関係はありますか？

例）すべてにおいていちいち意見を求めてくる親友

Q 負担をなくすには、どんなふうに距離をとればいいと思いますか？
具体的なアクションを書き出しましょう。

例）「あなたはどう思うの？」と逆に聞き返す／
たまには「自分の意見で動いてみたら？」と提案する

Self produced 37

傾聴力を高め、コミュニケーション上手になる

「傾聴力」と聞いて、あなたはどんなことを思い浮かべますか？

傾聴とは、相手の話の内容だけでなく、表情や仕草、話し方、雰囲気などあらゆる要素から**相手を包括的に捉えて、耳だけでなく心で話を聴く**ということです。

漢字で書くと、「聞く」ではなく、「聴く」のほうですね。

そしてこの傾聴力こそ、コミュニケーションスキルなのです。

コミュニケーション上手というと、「話すのが上手な人」と捉える方もいるかもしれませんが、話すのが上手でも人の話を聞かないで自分のことばかり話されてはあまりいい気がしませんし、そういう人と長く話したいとは思いませんよね。きっと疲れてしまいます。

コミュニケーションとは、キャッチボールです。

話すのが上手いだけでなく、しっかり相手の話を受け止めて、意見をしたりアドバイスをしたり、時にねぎらったりなど、その対応が上手な人がコミュニケーション上手なのではないでしょうか。

話の内容や相手の状態によってより良い対応ができるようになるには、しっかり傾聴していなければなりません。

相手の話をしっかりと心で捉えてあいづちを打ったり、相手が辛い時は一緒に辛い表情をしたり、相手が混乱している時には一緒に整理をしてあげたりといったことがコミュニケーションスキルになります。

ただし一つ注意すべきなのが、これをスキルとして捉え、相手によく思われるためにあいづちをたくさん打ったり、表情を作ったりしても、本来の意味から外れてしまうということです。

本来の意味とは、**心から相手を理解して分かち合い、建設的な道を示し合って、お互い**

にいい時間を過ごし、いい関係に導くことです。

コミュニケーションをスキルとして捉えるのではなく、心から相手に向き合ったり、純粋に相手に興味を持てていたら、**自然とあいづちが打てたり、相手と同じような表情や声のトーンになる**ものです。そうなると相手は、自分のことをわかってくれていると思い、安心したり、嬉しかったりします。

ちなみに、コミュニケーションスキルの一つで「オウム返し」と呼ばれるテクニックがありますが、それは何かと言うと、相手が言ったことを繰り返すことによって、相手からの好感度を上げたり、信頼を得たりしやすいというものです。例えば、「今日は暑いですね」「暑いですね〜」や、「失敗してしまったんです」「失敗してしまったんですね」など。

確かに会話のテンポが良くなったり、柔らかい印象になったりしますが、それを**あえて意識的に行うとちょっとウザイ印象**になってしまいます。

オウム返しについても、あくまで自然に出るものについては、相手はあなたに好意を抱きますが、意識してやりすぎると逆効果です。

テクニックとして捉えずとも、心から相手の話を聞いてしっかり傾聴ができていた場合、自然にそうなるものなのです。

あいづちも然《しか》りで、**傾聴がきちんとできているると、自分があいづちを打っていることに気づかない**時だってあります。

実際、私は目の前の人のことをわかろうとするあまり、知らないうちにかなりの回数のあいづちを打っているようで、人によくそのモノマネをされます。それ自体は「ウン、ウン、ウン……」というちょっと間抜けな様子のモノマネなのですが、それだけ自然に傾聴ができているのかなと思っています。

WORK

Q 過去を振り返ってみて、傾聴ができたと思える経験がありますか？

例）先週、部下の相談に乗った時「○○さんに話したらスッキリして解決の糸口が見えました！」と言われた

Q その経験からさらに傾聴力を高めるために普段できることがあるとしたら何が考えられますか？

例）相手の言葉だけでなく表情や態度にも目を向ける／話を聞いて欲しそうな時は自分の意見は控えめにする

self produced 38

真の人脈をつくるには

セルフプロデュースを行うにあたり、**人脈が大切になってくる場面**が多々あります。

例えば、こんな自分になりたいと思った時に、メンターとなる人をいかに身近で見つけられるかは、理想の実現スピードに大きく関わります。

もちろん直接知らない人をメンターにしても、自分を引き上げてくれる存在になることは確かなのですが、会いたい時に会える存在など、**メンターが身近であればあるほど、よりダイレクトにそのエッセンスを吸収する**ことができます。

私の周りには心から尊敬できる経営者や、人生の先輩とも言える素敵な女性たちがとてもたくさんいます。改めてメンターというわけではありませんが、常にその方たちの背中を見て、自分もそうなろうと後を追い、日々刺激をもらったり、時にアドバイスをもらったりしています。するとある時、ポンっと道が開けて、**メンターに引っ張られるように面白いように夢が実現**していくことがあります。

他にも、仕事にセルフプロデュースを役立てようと思う際、いかに人脈を持っているかというのは大きな要となります。「こんな情報が欲しいな」「こんな人材が欲しいな」「こんなチャンスがあればいいよな」などという時です。そんな時、あなたの周りに多種多様な知り合いや友達がいるとしたら、ちょっと声をかければすぐに欲しい情報や人材、チャンスが集まってくるものです。

ただしそうなるためには、**単に知り合いを増やすのでは意味がありません**。

SNSのお友達の数が多いとか、スマホの中の電話帳の人数が多いというのは、まったく価値がありません。大切なのは、**あなたが困っている時、いったい何人の人が協力したいと思ってくれるか？**　これが真の人脈だと思います。

真の人脈を増やすには、いかに普段から人と信頼関係を築けているかに尽きます。そして、人から信頼されるには、これまでお伝えしてきたとおり、あなたの思考と言動・行動を伴わせていくことこそが一番の近道です。

そうすることによって、人からの信頼を得られるばかりではなく、自分自身への信頼も高まります。自分の思っていることと行っていることが一致しているから、当たり前ですよね。

自分を肯定でき、信頼できれば、人も肯定でき、信頼できるようになるので、人との信頼関係を築きやすくなるのです。

言ってみれば「人間力」ですね。人間力がある人には多くの人がついてきて、サポートしてくれます。ただ、それをしてもらうために人間力を上げるのではなく、**常に自分に誠実に人に思いやりを持って生きていると、人間力は勝手に上がり、勝手に人脈ができていく**のです。

そして人にしてもらうばかりでなく、**自分から与えることが大切**です。

「Give&Take」という言葉がありますが、それよりも「Give&Give」の精神でいると、実は与えられることがもっと増えます。

私には、それを体現している尊敬する友達がたくさんいますが、そういう人と一緒にいると、「自分ももっと与えたい！」と思うようになります。

なぜならば、**与える側が一番豊か**だから。

幸せにしてもらうより、幸せにしてあげるほうが満たされた気持ちになります。

何かいいことをすると、いいことをしている自分のことが好きになります。

この**自己肯定感があなたを豊かにします**。

逆に、人に与えてもらおう、幸せにしてもらおうとばかり思っている人は、自己肯定感がどんどん枯渇《こかつ》して苦しくなっていくのです。

WORK

Q あなたにとって、「真の人脈」と言える人を挙げてみてください。

例）家族／友達の●●ちゃん／▲▲先輩

Q 人間力を高めるために、あなたは何をしますか？

例）家族や友人が好きなことや楽しんでいることは否定せず、できれば同じように楽しむ／悲しんでいる時は一緒に悲しむ

self produced 39

尊敬の念を持っていれば、「掛け算」の人間関係になる

ストレスのない人間関係を作るのはもちろんのこと、**お互いを高め合えるより良い人間関係**を作れたら最高ですよね。

そうなるために大切なことは何だと思いますか？

これまで挙げてきた人間関係における大切なことはもちろんですが、最後にお伝えしたいのは、誰であろうと相手に尊敬の念を持つということです。

尊敬とは、**相手を持ち上げて考えることではなく、相手を敬《うやま》うこと**です。

人と自分を比べる必要はないのですが、例えば自分より仕事上の立場が下の人でも、違う部分で遥かにあなたより素晴らしい部分を持っている人もいますね。

仕事はまだ未熟でも、とても優しい心を持っていたり、あることに情熱を持っていたり。

どんな人でも、そういった良い部分を見つけようと思えば必ず見つけられるはずです。

相手に**尊敬の念を持つということは、相手のいいところを探すこと**でもあります。

常にそういった良い部分を見つけられる人は、いい人間関係を築くことができるでしょう。

逆に、尊敬の念を持てずに自分より下という意識で接していると、その人といい関係やいい未来は築けないでしょう。尊敬できる部分を見つけてそれを尊重していると、自然と相手への接し方も変わります。

自分で思っている以上に、**自分が相手をどういう意識で扱っているかというのは相手に感じ取られるもの**です。

もしも相手が尊敬の念を持たれていると感じれば、きっとあなたに心を開き、あなたにとって有益なことを教えてくれたり、あなたが困った時にサポートしてくれたりすることでしょう。

では、尊敬の念を持たれていない、または見下されていると感じている場合はどうでしょう？

あなただったらどう思いますか？　もちろん嫌でしょうし、その相手のことを嫌いになるかもしれませんね。相手も同じなのです。すると、あなたにとって有益な情報があったとしても教えてくれなかったり、あなたが困っていても放っておかれるでしょう。

一緒にいることによって、足し算ではなく掛け算の関係になるためには、**相手を尊敬する気持ちや、尊敬する部分を見つけたことを、素直に伝える**ことです。「褒める」とも言い換えられます。「あなたのそんなところをとても尊敬する」「あなたのここが素晴らしいと思う」ということは、思ったらちゃんと相手に伝えましょう。すると、相手もあなたのいいところを見つけてくれたり、伝えてくれたりすると思います。

そんなふうに互いに尊敬し合い、いいところを褒め合える関係は、大きな信頼関係と相乗効果を生みます。

また、そんな関係が**一対一だけではなく、コミュニティ単位で構築**できたらどうでしょう。

尊敬し合い、褒め合える仲間がいて、常に仲間でそんなことを言い合える風通しのいい関係。そういったコミュニティを持っていたり、そこに属していたりすると、そこに**行くだけでエネルギーを高め合えるパワースポット**のような場所になります。

私のアカデミーのコミュニティもまさにそんな場所で、いつも誰かが誰かを褒めたり、誰かの嬉しいことを自分のことのように喜び、エールを送り合っています。そこには他者を否定する人はいませんし、どんなことでも肯定してくれるから、**安心してさまざまなことにチャレンジする勇気が出る**のです。

あなたもぜひ日常でそんな人間関係を構築してみましょう。それから先の人生ががらっと変わりますよ！

WORK

Q あなたに近い５人を挙げ、その人たちの尊敬する部分を挙げてみましょう。

例）友達の●●ちゃん：いつも気遣いを忘れないところ／
先輩の▲▲さん：自分の言動に責任をもって生きているところ

Q 尊敬する人を周囲に増やすために、あなたは何をしますか？

例）尊敬する人にその人が尊敬する人は誰かなのかを聞いてみる／
興味がある分野の勉強会に参加してみる

おわりに

セルフマネジメントをし続ける

最後までお読みいただき、ありがとうございました。

この本では「セルフプロデュース」についてあらゆる角度からお伝えしてきましたが、このセルフプロデュースは、これからの時代に必要なスキルであり、人生をより豊かに楽しくするものだと思います。

今この瞬間から、本書で解説したことを意識して過ごし、すべての「ＷＯＲＫ」に取り組んでいただくと、自分自身のことがよくわかるようになり、自分を表現することが上手になるに違いありません。

ただ、ここで大切なのは、これらセルフプロデュースを「一時的にする」のではなく、「し続ける」ということです。

何でもそうですが、意識して一時的に行うことは、誰でもできます。

ですが、それをずっと意識し続け、行動し続けることができる人はごくわずか。しかし、それを繰り返すことによって、あなた自身が確実に変わっていきます。

意識が変わると行動が変わり、行動が変わると習慣が変わり、習慣が変わると性格が、そして人生が変わっていくのです。

行動を習慣に変えるためには、常に自分を律していくこと＝セルフマネジメントが大切です。自分と常に対話し、心の声を聞いて、時に自分を励ましたり、時に自分を癒したり、時に自分に喝を入れたりするのです。


なりたい自分や理想の人生を実現したいと思った時、まずはどうなりたいかを明確にし、いつもそのイメージを意識しながら過ごしてみましょう。そして行動するのです。

ただし、日々生活をしていると、行動を妨げる障害がたくさん出てきます。

誰かの言葉や環境に惑わされると、言いわけをして行動することをやめてしまったりもします。

行動をやめてしまうことは、夢の人生への切符を途中で放棄するようなもの。とてももったいないことです。

誰でも行動をし続ければ、必ず目指す場所に行くことができるのに、それを信じられなくなってしまうのですよね。


私の愛読書の中に、世界中で大ベストセラーとなった『アルケミスト　夢を旅した少年』という本がありますが、その中にこんな言葉があります。

「夢の実現を不可能にするものがたった一つだけある。それは失敗するのではないかという恐れだ」

私はこの言葉に、たびたび励まされてきました。

「こうなりたい！」と願う人生は誰にでもあるはず。願うだけでなく、その夢をぜひ叶えて、人生を楽しみ、与えられた命を味わい尽くしましょうよ！

人生は、一度しかありません。

あなたが「在りたいあなた」でいることができ、最高にワクワクした人生を送れることを願っています。

最後に、この本の制作にあたり、お声がけくださった慶済堂出版の川崎優子さん、構成など一緒に考えて盛り上げてくださった藤原将子さん、本当にありがとうございました。

心を込めて執筆したこの本が、多くの方のお役に立てますように。

長谷川エレナ朋美

Be confident!

長谷川エレナ朋美（はせがわ・えれな・ともみ）

美LIFEクリエイター、株式会社LUMIERE（ルミエール）代表取締役。「自分と向き合う学校」ビューティーライフアカデミー主宰。1981年、千葉県生まれ。高校中退後に上京し、SHIBUYA109のカリスマ店員に。22歳で起業し、8年間でのべ6店舗のトータルビューティーサロンを展開。しかし、30歳の時、最愛のパートナーが急逝。それを機に、「今日死んでも後悔ない生き方をする！」と誓い、それまでのビジネスをすべて手放し、以降、「自分自身を商品」としたビジネススタイルにチェンジ。現在は葉山を拠点に、世界中を旅しながら、講演、商品やイベントのプロデュース、執筆などで活躍中。主な著書に、『やりたいことを全部やる人生』『自分の人生が愛おしくてたまらなくなる100の質問ノート』『自分と丁寧に向き合う週末セルフリトリート』（大和書房）など。

「なりたい私」で100％生きる
セルフプロデュース術
夢を叶える39の書き込みメソッド

2019年10月1日　第1版 第1刷
2019年10月30日 第1版 第2刷

著　者　長谷川エレナ朋美
発行者　後藤高志
発行所　株式会社 廣済堂出版
〒101-0052
東京都千代田区神田小川町2-3-13 M&Cビル7F
TEL　03-6703-0964（編集）
　　　03-6703-0962（販売）
FAX　03-6703-0963（販売）
http://www.kosaido-pub.co.jp
振替 00180-0-164137
印刷所
製本所　株式会社 廣済堂

ISBN978-4-331-52257-8 C0095
定価はカバーに表示してあります
落丁・乱丁本は、お取り替えいたします

ブックデザイン　三瓶可南子
写真　園田咲子（no.111 BLOOM）
ヘアメイク　REGALO.YUKA
撮影協力　THE HOUSE FARM
校正　長田あき子
DTP　三協美術
編集協力　藤原将子
編集統括　川﨑優子